Rätsel für Erwachsene
flexible und anspruchsvolle Aufgaben – eine Herausforderung für Intelligenz und Kreativität

„Vermutlich können nur 2% der Weltbevölkerung dieses Rätsel lösen." – Mit diesem Spruch verwies Einstein auf ein Rätsel der reinen Logik, bekannt als Einsteinrätsel.

Rätsel derartiger Kaliber sind heute selten zu finden.

Diese Sammlung anspruchsvoller Aufgaben aus den Bereichen Logik, Mathematik, Konzentration, Verständnis, Entschlüsselung und systematischen Vorgehens hebt sich ab von den Standardrätseln der heutigen Zeit.

Jede Art von Rätseln bietet vorab leichte Varianten, damit der Leser ein System des Lösens entwickeln kann. Ein System, welches er für die richtig harten Brocken dringend benötigt.

Carsten Richter

Rätsel für Erwachsene
**flexible und anspruchsvolle Aufgaben –
eine Herausforderung für Intelligenz und Kreativität**

Carsten Richter

Die Deutsche Nationalbibliothek verzeichnet diese Publikation in der Deutschen Nationalbibliografie; detaillierte bibliografische Daten sind im Internet über http://dnb.dnb.de abrufbar.

© 2018 Carsten Richter

Illustration: Carsten Richter

Herstellung und Verlag: BoD – Books on Demand, Norderstedt

ISBN: 9-783-734-751-691

Inhaltsverzeichnis:

Vorwort

1.   Logicals – Bring Ordnung in das Chaos

1.1.	Schwierigkeit: Mittel	Seiten 4-10
1.2.	Schwierigkeit: Schwer	Seiten 11-21
1.3.	Schwierigkeit: Sehr schwer	Seiten 22-39

2.   Logische Schlüsse

2.1.	Schwierigkeit: Leicht	Seiten 40-47
2.2.	Schwierigkeit: Mittel	Seiten 47-53
2.3.	Schwierigkeit: Schwer	Seiten 54-61

3.   Verstecktes Lösungswort in einer Formelsammlung

3.1.	Schwierigkeit: Mittel	Seiten 62-65
3.2.	Schwierigkeit: Schwer	Seiten 65-68
3.4.	Schwierigkeit: Sehr schwer	Seiten 69-72

4.   Formeln vervollständigen

4.1.	Schwierigkeit: Leicht	Seiten 73-78
4.2.	Schwierigkeit: Mittel	Seiten 78-84
4.3.	Schwierigkeit: Schwer	Seiten 85-91

5. Texträtsel

5.1.	Der Arbeitstag	Seiten 92-93
5.2.	Das Alter	Seiten 93-94
5.3.	Der Mord	Seiten 94-95
5.4.	Die Diät	Seite 96
5.5.	Klassentreffen	Seite 97
5.6.	Einer klaut	Seiten 98-100
5.7.	Wer war am Safe?	Seiten 100-102
5.8.	Raumschiffe und das Licht	Seiten 102-103
5.9.	Casino	Seiten 103-104
5.10.	Das Geheimnis vom Alter	Seiten 104-106

6. Knack den Code

6.1.	Training	Seiten 108-110
6.2.	Karte und Aufgaben	Seiten 111-112

Lösungen   Seiten 113-142

Vorwort

Diese Sammlung an Rätseln ist für Personen gedacht welche besondere Herausforderungen suchen. Für viele Menschen sind die klassischen Standardrätsel nicht mehr befriedigend. Natürlich kann beispielsweise ein Sudoku schwerer gestaltet werden und den Rätselnden vor eine schwere Aufgabe stellen. Jedoch ist das Rätsel eben nicht neu.
Intelligenz ist eine Folge aus Kreativität. Das ist die Fähigkeit Systeme und Strategien für spezielle Aufgaben und Probleme zu entwickeln. Daher sind verschiedene Arten von Rätseln unabdingbar, damit die geistige Flexibilität erhalten bleibt.
Um sich an ein neues Konstrukt von Aufgaben zu wagen ist eine sinnvolle Struktur in der Schwierigkeit nötig. Wenn Sie bei einer unbekannten Art von Rätseln gleich mit dem anspruchsvollsten beginnen, dann laufen Sie Gefahr keine adäquate Methode zur Lösung zu entwickeln. Ihr Geist braucht Training im Lösen von Aufgaben. Daher sind die Rätsel, da wo es möglich ist, in verschiedene Schwierigkeitsstufen untergliedert.
Einige Rätselkategorien des Buches, beispielsweise „Knacke den Code", haben wiederum keine solche Untergliederung. Da macht es keinen Sinn, da ein Code eben ein Code ist. Jedoch haben Sie sich bis dahin durch die anderen verschiedenen Rätsel bereits geistige Fähigkeiten antrainiert, damit auch diese Aufgaben gelöst werden können.
Die Fähigkeit zum Umdenken und Problemstellungen aus verschiedenen Perspektiven zu betrachten ist wichtig um die Aufgaben zu lösen. Hinzu kommt, gerade in den schwierigeren Bereichen, der große Anspruch an die Konzentration. Diese Rätsel sind größtenteils nichts für nebenher, sondern erfordern Aufmerksamkeit.
„Neurobics" und Intelligenztests sind Dinge, welche die Menschen zunehmend interessieren. Das ist auch gut so, denn es ist ein sinnvolles Ziel im Leben seine Fähigkeiten zu verbessern.

Es ist eine Tatsache, dass Menschen, welche mit vielen verschiedenen Arten von Problemen und deren Lösungen konfrontiert werden, eine bessere Kreativität aufweisen als Personen, welche sehr spezialisierte Aufgaben tiefgreifend bewältigen. Wenn man sich nun den Aufbau diverser Intelligenztests anschaut, wobei die Frage nach Intelligenz nicht abschließend geklärt ist und auch im Bereich der Philosophie umfassend behandelt werden kann, ist Kreativität wichtig für den Erfolg der verschiedenen Aufgaben. Man kann also durchaus von Kreativität auf Intelligenz schließen.

Die Rätsel in diesem Buch werden Ihre Kreativität ausreizen und Ihre Konzentration stark beanspruchen. Gehen Sie sparsam mit dem Lösungsbereich um. Versuchen Sie gegebenenfalls eine andere Person Ihr Ergebnis prüfen zu lassen. Wenn Sie falsch liegen, knobeln Sie weiter. Über ein Problem intensiv nachdenken erfordert Geduld, was ebenfalls eine trainierbare Tugend ist.
Dieses Buch ist die erste Auflage. Für weitere Rätsel benötigt der Autor die Mitarbeit der Leser. Eventuelle Kritiken an Aufbau und Struktur, sowie Anregungen zu diversen Arten von Rätseln, können Sie direkt an den Autor richten. Auch Hinweise über die Beliebtheit verschiedener Variationen von Rätseln sind wünschenswert.

Unter der Emailadresse:
Raetselbuch@gmx.de
können Sie den Autor kontaktieren.

Ein wichtiger Hinweis: verbeißen Sie sich nicht in ein Rätsel. Legen Sie es kurz bei Seite und versuchen Sie es später erneut. Denken Sie nicht linear, sondern seien Sie kreativ.

Viel Erfolg!

1. Logicals – Bring Ordnung in das Chaos

Bei jedem Rätsel dieser Art sind die Eigenschaften einer bestimmten Anzahl von Häusern im Bezug zueinander aufgeführt. Die Anzahl der Häuser sowie die Anzahl und Art der Eigenschaften sind kurz beschrieben. Keine Eigenschaft ist doppelt verteilt. Angaben von links und rechts beziehen sich auf die Perspektive des Lesers.

Aufmerksamkeit, Konzentration und systematisches Denken sind bei diesen Rätseln wichtig.

Im Lösungsteil sind teilweise Tipps, falls besondere Herangehensweisen angebracht sind. Es ist sinnvoll die Reihenfolge der Rätsel chronologisch abzuarbeiten, da Tipps für neue Probleme nur einmal beim ersten Auftreten gegeben werden.

1.1. Schwierigkeit: Mittel

1.1.1.
Es gibt 4 Häuser. Jeder Bewohner hat ein körperliches Merkmal, ein Laster und eine Angabe zu den Haaren.

Was können Sie zu den Haaren des Rauchers sagen?

1. Links von dem Mann mit Glatze wohnt einer mit schwarzen Haaren.
2. Besonders dünn sieht der Kaffetrinker aus.
3. Trotz seines Bierkonsums hat der Athlet eine tolle Figur.
4. Der sehr kleine Typ ist untreu.
5. Zwei Häuser links von dem langhaarigen Mann wohnt ein Kaffetrinker.
6. Rechts von dem Mann mit Glatze wohnt ein Athlet.
7. Zwei Häuser rechts von dem dicken Mann lebt ein Blonder.
8. Der Biertrinker ist blond.
9. Ein sehr kleiner Mann wohnt im Haus ganz rechts.
10. Der dünne Mann hat eine Glatze.
11. Der dicke Mann raucht gern.
12. Lange Haare hat der untreue Mann.

1.1.2.
Es gibt 4 Häuser. Jeder Bewohner war in einem besonderen Urlaubsland, für eine gewisse Zeit und hat ein bestimmtes Alter.

Wie lange dauerte der Urlaub an der Ostsee?

1. Der Mann, welcher nur zwei Wochen im Urlaub war, wohnt zwei Häuser links von der Ostseeurlauberin.
2. Der Urlaub in Neuseeland, er dauerte drei Monate, war der längste Aufenthalt.
3. Die Person, welche drei Häuser von der 29-Jährigen entfernt wohnt, war drei Wochen im Urlaub.

4. Der Mann, welcher in China war, ist 42 Jahre alt.
5. Die älteste Person ist an der Ostsee gewesen.
6. Die Frau, welche in Neuseeland gewesen ist, wohnt links von dem Alpenurlauber.
7. Die Frau, die 1/4 Jahr Urlaub machte, ist 29 Jahre jung.
8. In den Alpen ist der 34-Jährige gewesen.
9. Rechts von dem Alpenurlauber wohnt jemand der 8 Wochen in China gewesen ist.
10. Links von dem 34-Jährigen steht nur noch ein Haus.
11. Die 61-Jährige wohnt rechts von dem 42-Jährigen.

1.1.3.
Es gibt 4 Häuser. Jeder Bewohner liest ein bestimmtes Genre gern, hat einen Beruf und eine bestimmte Farbe des Autos.

Was liest der Hausmeister?

1. Links neben dem Elektriker fährt jemand ein grünes Auto.
2. Die Person, welche Sachbücher liest, wohnt links von dem, der Reiseberichte bevorzugt und rechts von dem Krimileser.
3. Rechts vom Trainer fährt jemand das schwarze Auto.
4. Ein gelbes Auto fährt der Elektriker.
5. Links von dem Dramenleser wohnt ein Maler.
6. Der Trainer hat ein weißes Auto.
7. Der Hausmeister wohnt links von dem grünen Auto.
8. Die Person ganz rechts liest gern Dramen.
9. Zwei Häuser links von der Person mit dem gelben Auto hat jemand ein schwarzes Auto.
10. Reiseberichte liest der Maler.
11. Der Krimileser fährt ein weißes Auto.

1.1.4.
Es gibt 4 Häuser. Für jedes Haus gibt es Angaben zu den Bewohnern, zur Farbe und zur Absperrung des Grundstückes.

Welche Farbe hat das Haus der Frau?

1. Das gelbe Haus hat keine Abgrenzung.
2. Das Haus mit Zaun ist grün.
3. Neben den zwei Männern wohnt eine Frau.
4. Rechts neben dem Mann wohnen zwei Frauen.
5. Das Haus mit einer Hecke steht zwei Häuser links vom Haus mit Mauer.
6. Das braune Haus steht links von dem gelben Haus.
7. Das Haus der Frauen ist orange.
8. Einen Zaun hat das Haus, welches links neben dem braunen Haus steht.
9. Ein Mann wohnt im zweiten Haus von rechts.
10. Das Haus ohne Grundstücksgrenze steht rechts von dem Haus mit Hecke.
11. Im grünen Haus wohnen zwei Männer.
12. Das orangene Haus hat eine Mauer.

1.1.5.
Es gibt 4 Häuser. Zu jedem Haus gibt es Angaben über die Anzahl der Fenster, Ausstattung (Keller/Dachboden) und dem Beruf des Eigentümers.

Wie viele Fenster hat die Psychologin?

1. In dem Haus mit zwei Fenstern wohnt eine Tänzerin.
2. Drei Fenster hat das Haus rechts von dem Haus mit Keller und Dachboden.
3. Das Haus links vom Ingenieur hat vier Fenster, Keller und Dachboden.

4. Das Haus ohne Keller und Dachboden steht links von dem Haus mit Keller und ohne Dachboden.
5. Das Haus mit Dachboden und ohne Keller hat zwei Fenster.
6. Im Haus ganz links wohnt ein Arzt.
7. Neben dem Arzt wohnt ein Ingenieur.
8. Zwei Häuser rechts von dem Haus mit vier Fenstern steht eins ohne Fenster.
9. Das Haus, welches nur einen Dachboden hat, steht rechts von dem Haus, welches nur einen Keller hat.
10. Das Haus mit drei Fenstern hat keinen Keller und keinen Dachboden.

1.1.6.
Es gibt 4 Häuser. Jeder Bewohner hat ein bestimmtes Alter, trägt eine markante Kleidung und fährt eine bestimmte Automarke.

Wie alt ist der BMW Fahrer?

1. Der Mazdafahrer trägt helle Pullover.
2. Vier Jahre älter als der Mazdafahrer ist der Mann, welcher rechts von ihm wohnt.
3. Rechts von dem Mann mit hellen Hemden trägt jemand nur dunkle Shirts.
4. Der linke Nachbar des 40-Jährigen ist zwei Jahre jünger.
5. Der Mann, rechts vom Opelfahrer, ist 10 Jahre älter als er selbst.
6. Rechts vom 50-Jährigen wohnt ein BMW-Fahrer.
7. Der Mann, der ganz links wohnt, trägt helle Hemden.
8. Zwei Häuser rechts vom VW-Fahrer wohnt ein Mazdafahrer.
9. Der 38-Jährige fährt einen VW.
10. Rechts von der Person mit hellem Pullover wohnt jemand der dunkle Hemden trägt.
11. Der Mann mit dunklen Shirts ist 40 Jahre alt.
12. Der Opelfahrer wohnt links neben einer Person, welche immer helle Pullover trägt.

1.1.7.
Es gibt 4 Häuser. Jeder Bewohner hat bestimmte körperliche Merkmale, einen Namen und eine bestimmte Haarfarbe.

Welche Haarbarbe hat der kleine und dünne Mann?

1. Ein Haus rechts neben dem großen Dünnen wohnt ein kleiner Dünner.
2. Der rechte Nachbar von Tom hat graue Haare.
3. Martin hat braune Haare.
4. Max ist groß, hat schwarze Haare und ist dünn.
5. Der kleine, dicke Mann heißt Wolfgang.
6. Tom hat blonde Haare.
7. Zwei Häuser links von dem kleinen Dicken wohnt Martin.
8. Graue Haare hat der Mann, welcher zwei Häuser rechts von Martin wohnt.
9. Max wohnt zwei Häuser links von dem Blonden.
10. Zwei Häuser rechts von dem Schwarzhaarigen wohnt ein großer, dicker Mann.
11. Im Haus ganz rechts wohnt Wolfgang.

1.1.8.
Es gibt 4 Häuser. Jede Familie hat eine bestimmte Nationalität, eine bestimmte Anzahl von Kindern und das entsprechende Haus bietet Platz für eine bestimmte Anzahl von Familien.

In welchem Haus wohnt die Familie mit einem Sohn?

1. Die Familie mit einer Tochter wohnt zwei Häuser von der Familie mit zwei Töchtern entfernt.
2. Die Familie mit drei Söhnen kommt aus Frankreich.
3. Im 6-Familienhaus wohnen Spanier.

4. Rechts vom Holländer wohnen Schweden.
5. Das 2-Familienhaus steht links von der Familie mit einem Sohn.
6. Das 4-Familienhaus steht 2 Häuser links von den Schweden.
7. Im zweiten Haus von links wohnt eine Familie mit drei Söhnen.
8. Rechts von der Familie mit einer Tochter wohnt eine Familie mit einem Sohn.
9. Holländer wohnen zwei Häuser rechts von den Spaniern.
10. Zwei Töchter hat die Familie, die links vom 4-Familienhaus wohnt.
11. Das Einfamilienhaus steht rechts neben dem 2-Familienhaus.
12. Links von den Franzosen ist ein 6-Familienhaus.

1.1.9.
Es gibt 4 Häuser. Jeder Bewohner raucht eine bestimmte Marke, hat ein bestimmtes Hobby und einen Beruf.

Welches Hobby hat der Student?

1. Der Student raucht Pall Mall.
2. Marlboro raucht der Programmierer.
3. Gleich rechts neben dem Leser wohnt ein Wanderer.
4. 2 Häuser links vom Zigarrenraucher wohnt der F6-Raucher.
5. In der Freizeit macht der Tischler Yoga.
6. Rechts vom Programmierer wohnt ein Lehrer.
7. Der Pall Mall Raucher wohnt im zweiten Haus von rechts.
8. Einer raucht Marlboro und liest dazu gern.
9. F6 raucht der Wanderer.
10. Links neben dem Tischler wohnt ein Schwimmer.
11. Links neben dem Student wohnt ein Lehrer.
12. Der Tischler raucht Zigarren.

1.1.10.
Es gibt 4 Häuser. Jeder Bewohner hat ein Lieblingsgetränk, eine bestimmte Arbeitszeitregelung und ein Lieblingsessen.

Was trinkt der Schichtarbeiter gern?

1. Links von der Teetrinkerin wohnt ein Wassertrinker.
2. Zwei Häuser links von der Person sie mag Muscheln, wohnt ein Fischesser.
3. Milch trinkt die Person rechts vom Schichtarbeiter gern.
4. Die Frau ganz rechts arbeitet von zu Hause aus.
5. Der Mensch, rechts von dem Frühdienstler, hat nur Spätdienste.
6. Muscheln isst die Person, rechts vom Salatesser, gern.
7. Der Fischesser hat nur Frühdienst.
8. Der Schichtarbeiter isst gern Schweinefleisch.
9. Eine Person trinkt gern Saft und isst gern Schwein.
10. Die Person zwei Häuser rechts vom Schichtarbeiter hat nur Spätdienst.
11. Tee trinkt die Frau, die zu Hause arbeiten kann.
12. Der Wassertrinker isst gern Salate.

1.2. Schwierigkeit: Schwer

1.2.1.
Es gibt 4 Häuser. Jeder Bewohner hat ein Alter, einen Beruf, nutzt etwas zum Fortbewegen, einen Beziehungsstatus und einen speziellen Umgang mit Geld.

Wie geht der Handwerker mit Geld um?

1. Rechts von der Lehrerin wohnt ein Geologe.
2. 2 Häuser neben der 35-jährigen Person wohnt ein ewiger Single.
3. der Mann, er ist Ende 40, lebt in einer neuen Partnerschaft.
4. Der Spekulant verdient hauptsächlich als Kaufmann sein Geld.
5. Der geizige Mensch ist 51 Jahre jung.
6. Einen Kleinbus fährt der geschiedene Mann.
7. Der Handwerker ist 30 Jahre.
8. Vor dem zweiten Haus von links steht ein Kleinwagen.
9. Der Geologe ist 51 Jahre jung.
10. Links von dem Kleinbusfahrer wohnt eine 35 jährige Frau.
11. Die Verschwenderin arbeitet als Lehrerin.
12. Rechts von der Motorradfahrerin wohnt ein geschiedener Mann.
13. Links von dem geizigen Mann wohnt eine Familie.
14. Links vom Spekulanten wohnt ein sparsamer Mensch.
15. Der Spekulant lebt in einer frischen Partnerschaft.
16. Die Frau rechts vom Kaufmann lebt sehr verschwenderisch.
17. Der 30-jährige Single fährt ausschließlich Fahrrad.
18. Die Mutter der Familie fährt Motorrad.
19. Der Fahrer des Kleinwagens ist Ende 40.

1.2.2.

Es gibt 5 Häuser. In jedem Haus gibt es einen bestimmten Familienstand, eine bestimmte Marke des Fahrzeugs, eine Farbe des Hauses und Angaben zu den Hobbys.

Welches Auto hat der Besitzer des roten Hauses?

1. Einen BMW fahren die Leute links von der WG.
2. Rechts von der Familie im braunen Haus wohnen zwei frisch Verlobte.
3. Rechts vom Rentnerpaar fährt der Hausbewohner einen OPEL.
4. Der VW Fahrer verreist sehr oft.
5. Die Leute im grünen Haus treiben Fitness.
6. Der Radfahrer ist Single.
7. Zwei Häuser links vom Mercedesfahrer spielt die ganze Familie Instrumente.
8. 2 Häuser rechts von dem Rentnerpärchen wohnen zwei frisch Verlobte.
9. Die Besitzer, links vom Opelfahrer, verreisen sehr gern.
10. Links vom braunen Haus steht ein rotes Haus.
11. Ein besonderes Hobby des Peugeotfahrers ist das Rad fahren.
12. Rechts vom Haus der Großfamilie fahren die Bewohner einen BMW.
13. Der Mercedesfahrer hat ein gelbes Haus.
14. Rechts von den Fitnesssportlern wohnen Kletterer.
15. Die Besitzer des hellblauen Hauses fahren einen Peugeot.
16. Links vom Radfahrer wohnen welche in einer WG.
17. Das zweite Haus, rechts von der Großfamilie, ist gelb.
18. Im braunen Haus wohnt die musikalische Familie, in welcher jeder ein Instrument beherrscht.
19. Das Haus in der Mitte ist grün.
20. Das Haus neben den Kletterern ist hellblau.

1.2.3.

Es gibt 4 Häuser. Jede Bewohnerin hat einen Namen, trägt bestimmte Kleidung, hat einen bestimmten Beruf und ein Alter.

Wie alt ist Maria?

1. Die Professorin wohnt zwei Häuser von der Hausfrau entfernt.
2. Die Maklerin trägt einen Anzug.
3. Martina ist die linke Nachbarin von Nicole.
4. Die Frau mit Kleid ist drei Jahre älter als ihre rechte Nachbarin.
5. Die Lehrerin trägt einen Rock und ist zwei Jahre jünger als ihre rechte Nachbarin.
6. Die linke Nachbarin von Nicole trägt eine Jeans.
7. Die Professorin ist 43 Jahre alt.
8. Die linke Nachbarin von Stefanie trägt ein Kleid.
9. Die Maklerin ist 32 Jahre alt.
10. Die Frau rechts von der Frau mit Jeans trägt einen Anzug.
11. Im zweiten Haus von links wohnt eine Frau mit Rock.
12. Die Frau, sie wohnt zwei Häuser links von Martina, trägt ein Kleid.
13. Die Hausfrau wohnt links von der Lehrerin.
14. Zwei Häuser rechts von der 41-Jährigen wohnt eine Frau, welche 11 Jahre jünger als ihre linke Nachbarin ist.

1.2.4.

Es gibt 4 Häuser. Jeder Bewohner ist in einem bestimmten Verein, hat eine bestimmte Größe, eine bestimmte Farbe am Haus und eine bestimmte Anzahl von Stufen.

Wie groß ist der Bewohner des grünen Hauses?

1. Links von dem Haus mit fünf Stufen wohnt der Mann vom Alpenverein.
2. Der Bewohner des braunen Hauses ist im Reitverein.
3. Das Haus ohne Stufen ist orange.
4. Der Bewohner des Hauses mit vier Stufen ist 185cm groß.
5. Der Mann, er ist 180cm groß, wohnt rechts von dem 187cm großen Mann.
6. Rechts von dem Haus mit acht Stufen steht ein rotes Haus.
7. Der Mann vom Alpenverein wohnt links von dem Mann aus dem Tierschutzverein.
8. Zwei Häuser links von dem grünen Haus steht ein braunes Haus.
9. Keine Stufen hat das Haus mit dem Mann aus dem Fußballverein.
10. Links von dem orangen Haus steht ein Haus mit vier Stufen hat.
11. Die meisten Stufen hat die Treppe des zweiten Hauses von rechts.
12. Rechts von dem Mann im Reitverein wohnt ein Mann vom Fußballverein.
13. Der Bewohner rechts vom braunen Haus ist 2cm größer.
14. Der größte Bewohner ist im Tierschutzverein.
15. Ein grünes Haus steht neben dem Haus mit fünf Stufen.
16. Der Besitzer des roten Hauses ist 191cm groß.

1.2.5.

Es gibt 4 Häuser. Jeder Bewohner betreibt eine bestimmte Sportart, hat eine bestimmte Nationalität, eine individuelle Frisur und ein Haustier.

Welche Nationalität hat der Mann mit kurzen Haaren?

1. Der Italiener hat eine Glatze.
2. Rechts vom Deutschen wohnt ein Volleyballspieler.
3. Links von dem Mann mit Halbglatze wohnt ein Norweger.
4. Einen Hamster hat der Finne.
5. Der Besitzer des Papageien spielt Tischtennis.
6. Der Langhaarige spielt Handball.
7. Der Finne wohnt im Haus ganz rechts.
8. Der Deutsche hat eine Katze.
9. Der linke Nachbar des Norwegers hat einen Hund.
10. Der Basketballer hat einen Hamster.
11. Der Mann mit langen Haaren wohnt links neben dem Glatzkopf.
12. Der Italiener wohnt links vom Tischtennisspieler.
13. Rechts vom Handballspieler wohnt ein Volleyballspieler.
14. Neben der Katze wohnt ein Hund.
15. Links von dem Hamster wohnt ein Papagei.

1.2.6.

Es gibt 4 Häuser. Jeder Bewohner hat ein bestimmtes Studium absolviert, seit einem gewissen Zeitraum Arbeit, nutzt ein bestimmtes Transportmittel und hat einen bestimmten Familienstatus.

Wie lange hat der Verlobte bereits Arbeit?

1. Einer der seit sechs Monaten Arbeit hat wohnt links von dem der Bahn fährt.
2. Der rechte Nachbar des Radfahrers ist verheiratet.
3. Der Geologe hat seit 1,5 Jahren eine Arbeit.
4. Der Mann ohne Arbeit ist Single.
5. Der geschiedene Mann fährt Bus.
6. Links vom BWL Studenten hat der Bewohner seit zwei Jahren einen Job.
7. Links vom Autofahrer wohnt ein Fahrradfahrer.
8. Der Mann ganz rechts hat Geologie studiert.
9. Links vom dem Mann, welcher Bus fährt, wohnt einer, der die Bahn nutzt.
10. Der BWL Student hat seit sechs Monaten Arbeit.
11. Der Autofahrer hat einen Physikstudent als rechten Nachbar.
12. Der linke Nachbar des Autofahrers hat Elektrotechnik studiert.
13. Rechts vom Single wohnt ein geschiedener Mann.
14. Der noch arbeitslose Physikstudent wohnt links neben einem Mann, welcher bereits seit 1,5 Jahren Arbeit hat.

1.2.7.

Es gibt 4 Häuser. Jeder Bewohner hat eine Angabe zur Körperform und zum Geschlecht, ein bestimmtes Gewicht, einen Namen, einen bestimmten Körperschmuck und jeder fährt eine bestimmte Automarke.

Wie heißt die Person mit 2 Ohrringen?

1. Neben Maik wohnt eine kleine Frau.
2. Ulrike wiegt 81 kg.
3. Rechts von dem Mitsubishifahrer wohnt eine Frau mit Piercing.
4. Rechts von Tom wohnt eine Fordfahrerin.
5. Rechts von dem kleinen Mann wohnt eine Frau, welche 75 kg wiegt.
6. Der andere Mann hat ein Tattoo.
7. Rechts von dem 73 kg leichten Mann wohnt eine große Frau.
8. Die Frau mit dem Porsche wohnt zwei Häuser von Steffi entfernt.
9. Der große Mann wohnt neben der Frau mit zwei Ohrringen.
10. Maik wiegt 91 kg.
11. Der Tätovierte fährt einen Seat.
12. Die schwerste Frau wohnt rechts von Maik.
13. Tom ist ein kleiner Mann.
14. Ulrike trägt ein Piercing.
15. Links vom Mitsubishifahrer wohnt eine Frau mit einem Ford.
16. Die linke Nachbarin von dem Mann mit Ohrring wiegt 75 kg.
17. Zwei Häuser rechts vom Seatfahrer wohnt der große Mann.
18. Der leichteste Mann wohnt ganz links.
19. Eine kleine Frau fährt den Porsche.
20. Steffi heißt die große Frau.

1.2.8.

Es gibt 4 Häuser. In jedes Haus passt eine bestimmte Anzahl von Familien hinein. Jedes Haus hat eine bestimmte Angabe zum Garten, eine bestimmte Anzahl von Stufen am Eingang, eine bestimmte Anzahl von Fenstern und eine andere Farbe.

Wie viele Familien wohnen in dem Haus mit 2 Stufen?

1. Zwei Häuser rechts vom Haus mit dem großen Garten steht ein Haus mit zwei Gärten.
2. Zwölf Fenster hat das 2-Familienhaus.
3. Das Haus, links vom 4-Familienhaus, hat acht Stufen.
4. Die meisten Fenster hat das Haus mit zehn Stufen.
5. Das Haus, links vom 6-Familienhaus, hat elf Fenster.
6. Das hellblaue Haus hat acht Fenster.
7. Das 4-Familienhaus steht links von dem 3-Familienhaus.
8. Zehn Stufen hat das Haus neben dem Haus mit acht Stufen.
9. Links vom 6-Familienhaus steht ein Haus ohne Garten.
10. Rechts vom gelben Haus steht ein grünes Haus.
11. Das Haus mit acht Stufen hat einen kleinen Garten.
12. Rechts neben dem Haus mit 14 Fenstern steht ein Haus ohne Garten.
13. Fünf Stufen hat das Haus mit elf Fenstern.
14. Rechts vom grünen Haus steht ein braunes Haus.
15. Das 2-Familienhaus steht links von dem Haus mit dem großen Garten.
16. Das Haus mit acht Fenstern hat zwei Gärten.
17. Das vierte Haus von rechts ist gelb.
18. Zwei Häuser rechts von dem Haus mit Zwölf Fenstern steht ein 3-Familienhaus.

1.2.9.

Es gibt 4 Häuser. Jeder Bewohner hat ein Lieblingsessen, einen bestimmten Arbeitgeber, eine Haarfarbe, eine bestimmte Nationalität und ein Lieblingsgetränk.

Wer arbeitet bei den Stadtwerken?

1. Zwei Häuser links vom Schweizer wohnt jemand, der gern Orangensaft trinkt.
2. Der Mann rechts vom Fischesser arbeitet in einer Tankstelle.
3. Hellbraune Haare hat der Portugiese.
4. Kiwisaft mag der Mann rechts von dem Schwarzhaarigen.
5. Zwei Häuser rechts von dem Steakesser wohnt der Salatliebhaber.
6. Braune Haare hat der Mann welcher in einer Bank arbeitet.
7. Einer mag noch Kirschsaft.
8. Der linke Nachbar von dem Blonden mag Spaghetti.
9. Der Schwede, im Haus ganz links, trinkt gern Orangensaft.
10. Der Mann der Kiwisaft mag, der mag auch Salat.
11. In einer Bank arbeitet der Schwede.
12. Der Mann rechts vom Belgier mag Kirschsaft.
13. Neben dem Mann mit hellbraunen Haaren wohnt jemand mit schwarzen Haaren.
14. Bananensaft trinkt der rechte Nachbar des Braunhaarigen.
15. Der Schweizer mag Fisch.
16. Der Portugiese arbeitet in einer Tankstelle.
17. Der Mann, welcher rechts vom Blonden wohnt, arbeitet im Konsum.

1.2.10.

Es gibt 4 Häuser. In jedem Haus gibt es ein Lieblingsspiel. Außerdem steht vor jedem Haus eine andere Automarke. Jeder Bewohner war in einem anderen Urlaubsland, hat einen bestimmten Beruf und ein bestimmtes Alter.

Welche Automarke fährt der Mann der in Brasilien gewesen ist?

1. Links vom BMW Fahrer fährt jemand Opel.
2. Der Elektriker spielt Schach.
3. Der Nachbar, zwei Häuser links vom Makler, war in Südafrika.
4. Der Koch wohnt rechts von dem 40-Jährigen.
5. Der Vertreter war schon in Amerika.
6. Links vom Mercedesfahrer wohnt ein Kniffelspieler.
7. Der Mann, rechts von dem der in Australien gewesen ist, spielt gerne Poker.
8. Zwei Häuser rechts vom Schachspieler wohnt ein 48-Jähriger.
9. Der rechte Nachbar des Kniffelspielers ist 44.
10. Der 43-Jährige wohnt zwei Häuser links von dem der mal in Brasilien gewesen ist.
11. Der 40-Jährige wohnt links vom Opelfahrer.
12. Der Amerikaurlauber ist fünf Jahre älter als sein linker Nachbar.
13. Der Makler ist vier Jahre jünger als sein linker Nachbar.
14. Der Mann ganz links war schon in Australien.
15. Der Nachbar vom Elektriker war in Südafrika.
16. Zwei Häuser links vom Monopolyspieler wohnt ein Pokerspieler.
17. Der Koch ist drei Jahre älter als sein linker Nachbar.
18. Zwei Häuser vom Kniffelspieler entfernt wohnt ein VW-Fahrer.
19. Der Vertreter, er wohnt links vom Monopolyspieler, fährt einen BMW.

1.2.11.

Es gibt 4 Häuser. Jeder Bewohner hat eine Angabe zu seinem Körperbau, seiner Größe, seinem Lieblingsspiel, seiner Haarfarbe und der Anzahl seiner Kinder.

Welche Haarfarbe hat der Mann mit 4 Kindern?

1. Links vom Blonden wohnt ein Schwarzhaariger.
2. Links von dem Kräftigen wohnt ein dicker Mann.
3. Der Handballfan ist 3cm kleiner als sein rechter Nachbar.
4. Der 180cm große Mann mag Hockey.
5. Der Mann mit Zwillingen wohnt rechts von dem dicken Mann.
6. Rechts von dem Rothaarigen wohnt ein Braunhaariger.
7. Der 183cm große Mann ist blond.
8. Zwei Häuser rechts vom Handballfan wohnt ein Mann der 182cm groß ist.
9. Rechts von dem 177cm großen Mann wohnt jemand mit normaler Figur.
10. Der Skifan ist kräftig.
11. Der Mann, im zweiten Haus von rechts, mag Boxen.
12. Der Nachbar des Athleten ist 180cm groß.
13. Der linke Nachbar des Mannes mit einem Kind hat braune Haare.
14. Der linke Nachbar des Skifans hat schwarze Haare.
15. Der Mann mit normaler Figur hat keine Kinder.
16. Der Athlet hat rote Haare.
17. Der Mann, zwei Häuser rechts vom Hockeyliebhaber, ist 3cm größer als er.
18. Der Nachbar der Zwillinge ist 2cm größer als sein linker Nachbar.
19. Der Boxliebhaber hat ein Kind.

1.3. Schwierigkeit: sehr schwer / extrem

1.3.1.
Es gibt 5 Häuser. Für jedes Haus gibt es Angaben über das Alter einer Person, die Nationalität, den Beruf, die Haarfarbe, die Haustiere und die Anzahl der Kinder.

Welchen Beruf hat der Spanier?

1. Der Koch ist 22 Jahre älter als sein linker Nachbar.
2. Der Deutsche ist Makler.
3. Einen Papagei besitzen die Eigentümer mit den schwarzen Haaren.
4. Zwei Häuser von der Familie mit Zwei Kindern weiter wohnt eine Familie mit drei Kindern.
5. Rechts von dem 54-Jährigen wohnt ein Profisportler.
6. Die Familie mit einem Kind hat zwei Häuser rechts eine benachbarte Familie mit vier Kindern.
7. Ein Spanier wohnt zwei Häuser links von dem Dunkelblonden.
8. Die Katze zofft sich oft mit dem Hund der direkten Nachbarn.
9. Der Engländer hat keine Kinder.
10. Der Mann rechts von dem Blonden ist Händler.
11. Zwei Häuser links von dem 51-Jährigen wohnt ein Makler.
12. Der rechte Nachbar des Deutschen ist dunkelblond.
13. Der Nachbar zwei Häuser links von den Fischbesitzern ist 45 Jahre jung.
14. Der Engländer besitzt einen Hund.
15. Die Bewohner des Hauses vier Häuser rechts vom Psychologen haben schwarze Haare.
16. Der Mann rechts von dem 48-Jährigen ist 32 Jahre alt.
17. Der rechte Nachbar des Franzosen ist 51.
18. Der Psychologe ist 45.
19. Die Katzenbesitzer wohnen links von den Fischbesitzern.
20. Der Papagei verträgt sich nicht mit dem Wellensittich, da dieser direkt neben ihm wohnt.

21. Der Koch hat einen Nachbarn, zwei Häuser links von ihm, der 48 Jahre jung ist.
22. Der Italiener hat doppelt so viele Kinder wie sein direkter Nachbar.
23. Der Eigentümer, mit den dunkelbraunen Haaren, wohnt direkt neben dem Eigentümer ohne Kinder.
24. Der Blonde wohnt zwei Häuser links von dem Mann mit hellbraunen Haaren.
25. Der Franzose wohnt rechts von der Familie mit einem Kind.
26. Die zwei Kinder der Familie kümmern sich rührend um den Wellensittich.
27. Der Vater der drei Kinder ist 48 Jahre jung.
28. Der Profisportler ist Italiener.
29. Rechts von dem Mann mit den dunkelbraunen Haaren wohnt jemand mit hellbraunen Haaren.

1.3.2.

Es gibt 5 Häuser. Jeder Bewohner hat eine bestimmte Nationalität, eine bestimmte Größe, ein bestimmtes Alter, fährt ein Auto mit einer bestimmten Farbe und hat einen bestimmten Beruf. Außerdem hat jedes Haus eine andere Farbe.

Aus welchem Land kommt der Friseur?

1. Der 67-Jährige ist 178cm groß.
2. Rechts neben dem Jüngsten wohnt ein Trainer.
3. In einem roten Haus wohnt der Norweger.
4. Das rote Auto steht rechts von dem grünen Auto.
5. Der Belgier wohnt links von dem 37-Jährigen.
6. Der Besitzer des gelben Hauses ist 179cm groß.
7. Der linke Nachbar des Österreichers ist 3cm größer.
8. Ein schwarzes Auto fährt der Händler.
9. Der 46-Jährige wohnt links vom Spanier.
10. Der rechte Nachbar des Dänen ist 42 Jahre.
11. Ein weißes Haus steht links von dem Maler.
12. Der Trainer ist 2cm größer als sein Nachbar.
13. Der linke Nachbar des Belgiers hat ein graues Auto.
14. Der Österreicher wohnt in einem orangenen Haus.
15. Der Händler ist 181cm groß.
16. Der Däne ist 46 Jahre.
17. Der Maler hat zwei linke und zwei rechte Nachbarn.
18. Der 35-jährige Lackierer ist 173cm groß.
19. Links von dem roten Haus steht ein grünes Auto.
20. Zwei Häuser rechts von dem blauen Auto wohnt der Älteste.
21. Zwei Häuser links von dem grauen Auto wohnt ein Mann, welcher 1cm größer als der Älteste ist.
22. Der Spanier hat ein schwarzes Auto.
23. Ein blaues Auto steht links von dem weißen Haus.
24. Der Besitzer des roten Autos ist zwei Jahre älter als der Jüngste.
25. Der Norweger ist 175cm groß.

26. Das orangene Haus steht links vom grünen Haus.
27. Der rechte Nachbar des 178cm großen Mannes ist 5cm kleiner.

1.3.3.

Es gibt 5 Häuser. Jeder Bewohner hat einen bestimmten Namen, mag eine bestimmte Speise, mag eine andere Speise nicht, hat einen bestimmten Beruf erlernt, übt einen bestimmten Beruf aus und fährt eine bestimmte Marke.

Was mag der Mann, welcher 2 Häuser vom gelernten Makler entfernt wohnt, nicht?

1. Obst mag Ulf.
2. Tom mag Salat.
3. Der Reisesser mag kein Rind.
4. Rechts vom BMW-Fahrer wohnt ein gelernter Kaufmann.
5. Der Nachbar vom gelernten Friseur mag kein Gemüse.
6. Links vom gelernten Mechaniker wohnt ein Mechaniker.
7. Einen Mercedes fährt Maik.
8. Zwei Häuser rechts von dem Fischliebhaber wohnt einer der keinen Fisch mag.
9. Der Trainer mag Eis.
10. Der Mann, welcher Reis mag, wohnt links vom Friseur.
11. Der BMW-Fahrer wohnt rechts vom gelernten Elektriker.
12. Der rechte Nachbar vom Opelfahrer ist Berater und gelernter Friseur.
13. Der rechte Nachbar vom Makler mag Salat.
14. Ulf wohnt vier Häuser rechts von Bernd.
15. Der Peugeotfahrer mag Fisch nicht.
16. Rechts vom gelernten Kaufmann steht ein Opel.
17. Tom mag keine Äpfel.
18. Der Friseur hat links und rechts Nachbarn.
19. Der gelernte Mechaniker wohnt neben dem der Obst mag.
20. Der Mercedesfahrer mag kein Eis, aber er mag Fisch.
21. Tobias mag Eis.
22. Der Makler fährt VW.
23. Der gelernte Elektriker mag Rind nicht.

24. Der Makler wohnt zwei Häuser links vom Mechaniker.
25. Maik wohnt rechts von dem der keine Äpfel mag.

1.3.4.

Es gibt 5 Häuser. Jede Bewohnerin hat einen Namen, mag ein bestimmtes Essen, mag ein anderes Essen nicht, hat einen bestimmten Beruf, hat einen bestimmten Beruf erlernt und hat ein Auto mit einer anderen Farbe.

Wer mag Erdbeeren nicht?

1. Katja wohnt zwei Häuser rechts von der Sicherheitskraft.
2. Susi ist gelernte Taxifahrerin.
3. Das graue Auto steht rechts vom weißen Auto und links vom schwarzen Auto.
4. Die gelernte Bankkauffrau mag keine Haferflocken.
5. Die Taxifahrerin mag Fleisch.
6. Erna ist gelernte Trainerin, arbeitet jetzt aber als Sicherheitskraft.
7. Die Programmiererin mag Austern.
8. Marie ist Bankkauffrau.
9. Die, die Kartoffeln mag, isst keine Spaghetti.
10. Die zweite rechte Nachbarin von der gelernten Taxifahrerin mag Kartoffeln.
11. Fleisch mag die Verkäuferin nicht.
12. Katja isst gern Austern.
13. Die linke Nachbarin der gelernten Bankkauffrau mag Müsli.
14. Die linke Nachbarin der Gemüseliebhaberin ist gelernte Floristin.
15. Martina mag Fleisch und fährt ein blaues Auto.
16. So wie sie Spaghetti nicht mag, so verachtet die Nachbarin Haferflocken.
17. Die Nachbarin der Frau die Müsli nicht mag mag Gemüse.
18. Die rechte Nachbarin der gelernten Trainerin mag kein Fleisch.
19. Die Frau, sie mag Müsli nicht, wohnt zwei Häuser links von der Frau welche Müsli mag.
20. Die gelernte Sicherheitskraft arbeitet nun als Bankkauffrau.
21. Die Verkäuferin wohnt zwei Häuser von der Taxifahrerin entfernt.

22. Die gelernte Sicherheitskraft wohnt rechts von der Programmiererin.
23. Das rote Auto steht rechts vom blauen Auto und links vom weißen Auto.

1.3.5.

Es gibt 5 Häuser. Jeder Bewohner hat eine oberflächliche Körperbeschreibung, eine bestimmte Größe, ein bestimmtes Alter, ein bestimmtes Einkommen ein bestimmtes Haustier und ein Haus mit einer bestimmten Anzahl von Stufen.

Welches Tier wohnt in dem Haus mit 6 Stufen?

1. Der Mann der 3100€ verdient ist 167cm groß.
2. Der rechte Nachbar des 190cm großen Mannes ist 3cm kleiner.
3. Das Haus, zwei Häuser rechts von dem Hund, hat zuwei Stufen.
4. Rechts von der Katze wohnt ein dünner Mann mit einem Wellensittich.
5. Der Mausbesitzer verdient 2500€ und ist 8 Jahre älter als sein zweitlinker Nachbar.
6. Der rechte Nachbar des kleinen dicken Mannes ist auch klein.
7. Der Nachbar, welcher links vom Hund lebt, ist 5cm größer als sein linker Nachbar.
8. Links von dem großen dünnen Mann wohnt einer, der drei Jahre jünger als sein rechter Nachbar ist.
9. Der große dünne Mann ist 23cm größer als sein zweiter Nachbar Richtung links.
10. Links von dem 187cm großen Mann wohnt ein Hund.
11. Das Haus des 52-Jährigen Hat acht Stufen.
12. Der Nachbar, links vom Haus mit fünf Stufen, hat einen Wellensittich.
13. Der rechte Nachbar des kleinen dicken Mannes verdient 2400€.
14. Der Mann, links von dem Haus mit 14 Stufen, verdient 600€ mehr als der Mann, welcher drei Häuser rechts von ihm wohnt.
15. Der Mann, der 2900€ verdient, ist 180cm groß.
16. Der Nachbar des 172cm großen Mannes ist 7Jahre älter als dessen zweitrechter Nachbar.
17. Der Mann ganz links hat eine Katze.
18. Zwei Häuser vom Wellensittich entfernt wohnt eine Maus.

19. Der linke Nachbar des großen und sehr dicken Mannes verdient 300€ mehr als sein rechter Nachbar.
20. Der große dicke Mann hat eine Ratte.
21. Das Haus des kleinen dünnen Mannes hat 14 Stufen.
22. Der 48-Jährige verdient 100€ mehr als der Mann zwei Häuser neben ihm.
23. Zwei Häuser rechts von dem 45-Jährigen wohnt ein Mann mit einer Ratte.
24. Der Besitzer des Wellensittichs verdient 400€ weniger als sein rechter Nachbar.
25. Der rechte Nachbar des 50-Jährigen ist zwei Jahre jünger als er selbst.
26. Der zweitrechte Nachbar des 167cm großen Mannes ist 45 Jahre.
27. Der große und sehr dicke Mann verdient 2500€.

1.3.6.

Es gibt 5 Häuser. Jeder Bewohner hat einen Namen, eine Größe, ein Alter, ein bestimmtes Einkommen, ein Hobby, ein Lieblingsessen und eine gewisse Anzahl von Kindern.

Wer mag Reis?

1. Die 41-jährige Beate wohnt rechts von Markus.
2. Petra mag Obst.
3. Der Mann, welcher 2200€ verdient, ist 1cm kleiner als der andere Mann.
4. Der 186cm große Mann hat vier Kinder.
5. Die Frau ohne Kinder ist 4cm größer als ihre Nachbarin im zweiten Haus rechts.
6. Eier mag der Mann der 2100€ verdient.
7. Drei Kinder wohnen neben dem 45-Jährigen.
8. Petra geht joggen und ist sechs Jahre jünger als ihr linker Nachbar.
9. Der rechte Nachbar der Wanderin ist zwei Jahre älter als die linke Nachbarin der Wanderin.
10. Zwei Häuser rechts vom Schwimmer wohnt eine Frau welche Brot mag.
11. Zwei Häuser rechts von dem Mann mit vier Kindern wohnt eine kinderlose Frau.
12. Der 45-Jährige mag Kartoffeln.
13. Der Nachbar der Frau, welche 1600€ verdient, verdient 500€ mehr als sie.
14. Die rechte Nachbarin des Mannes mit zwei Kindern ist 166cm groß.
15. Der Mann mit den zwei Kindern fährt gern Ski.
16. Die Frau, welche 1800€ verdient, wohnt links neben Susanne.
17. Tino ist 21cm größer als seine rechte Nachbarin.
18. Petra wohnt ganz rechts im Haus und hat ein Kind.
19. Der Schwimmer verdient 400€ mehr als die Person nebenan und heißt Markus.
20. Die Frau rechts vom Skifahrer verdient 3000€.

21. Der linke Nachbar der 173cm großen Frau ist vier Jahre älter als sie selbst.
22. Zwei Häuser rechts von Susanne wohnt die Obstliebhaberin.
23. Die rechte Nachbarin der Radfahrerin verdient 200€ weniger als sie selbst.
24. Die 37-Jährige ist 166cm groß.
25. Die Wanderin mag Brot.
26. Die Frau, links von der 44-Jährigen, ist 3cm größer als sie selbst.
27. Die Frau die gern Rad fährt wohnt links von der 170cm großen Frau.
28. Die linke Nachbarin des Eierliebhabers ist drei Jahre älter als ihre Nachbarin.
29. Zwei Häuser von der Joggerin entfernt wohnt eine Wanderin.

1.3.7.

Es gibt 5 Häuser. Jeder Bewohner hat eine bestimmte Nationalität, betreibt eine bestimmte Sportart, hat einen Familienstatus, mag eine andere Sportart nicht, hat einen bestimmten Beruf, hat einen bestimmen Beruf erlernt und hat ein Auto in einer bestimmtes Farbe.

Welche Nationalität hat der Fußballer?

1. Links vom Spanier wohnt ein Nigerianer und rechts ein Deutscher.
2. Der Nachbar vom Single ist verheiratet.
3. Der Deutsche spielt Hockey und fährt einen grauen Seat.
4. Der gelernte Elektriker, jetzt Dachdecker, wohnt gleich neben dem Trainer.
5. Der Elektriker hat einen gelben Mercedes und ursprünglich Dachdecker gelernt.
6. Der geschiedene Mann mag Volleyball.
7. Der Verlobte mag Fußball nicht.
8. Der Psychologe hat diesen Beruf auch gelernt.
9. Der Mann welcher in einer frischen Partnerschaft lebt mag Basketball nicht.
10. Links vom Italiener wohnt ein Brasilianer und rechts ein Nigerianer.
11. Der welcher keinen Fußball mag fährt einen schwarzen VW.
12. Der Hockeyspieler ist Trainer.
13. Der rechte Nachbar vom Psychologen mag Volleyball nicht.
14. Der linke Nachbar vom gelernten Dachdecker mag Handball nicht.
15. Der Mechaniker mag Hockey nicht.
16. Der Nachbar vom Volleyballer spielt Handball.
17. Zwei Häuser vom Verheirateten entfernt wohnt ein Verlobter.
18. Rechts vom gelernten Elektriker wohnt ein gelernter Profisportler.
19. Der linke Nachbar vom Haus mit der frischen Partnerschaft mag Basketball.
20. Ein Mechaniker wohnt rechts vom Elektriker.
21. Der Mann der geschieden ist mag Hockey nicht.

22. Links vom Dachdecker wohnt ein gelernter Mechatroniker.
23. Der gelbe Mercedes steht links vom grauen VW.
24. Der Brasilianer ist Single und fährt einen gelben VW.
25. Der gelernte Profisportler mag Basketball nicht.
26. Der linke Nachbar des gelernten Mechatronikers mag Volleyball nicht.

1.3.8.

Es gibt 5 Häuser. Jeder Bewohner trägt ein markantes Kleidungsstück, hat ein bestimmtes Einkommen, fährt ein bestimmtes Auto in einer bestimmten Farbe, spielt ein bestimmtes Spiel, mag bestimmte Spiele nicht, hat ein bestimmtes Alter und ein Haus in einer bestimmten Farbe.

Was verdient der Nachbar des Mannes mit grüner Jacke?

1. Der Mann mit grüner Hose wohnt zwei Häuser von dem mit blauer Jacke entfernt.
2. Links vom weißen Haus steht ein rotes Haus.
3. Der linke Nachbar vom Knackspieler trägt ein blaues Shirt.
4. Der Monopolyspieler ist 31 Jahre alt.
5. Der 45-Jährige wohnt in einem blauen Haus.
6. Der Mann im blauen Haus mag Bingo und Knack nicht.
7. Der 24-Jährige mag weder Knack noch Monopoly.
8. Rechts von dem 39-Jährigen steht ein gelbes Haus.
9. Der Mann der Black Jack und Schach nicht mag verdient 500€ mehr als sein zweitlinker Nachbar.
10. Kein Auto hat der 55-Jährige.
11. Der rechte Nachbar vom Black Jack Spieler verdient 300€ weniger als der linke Nachbar vom Black Jack Spieler.
12. Links vom grünen Opel steht ein brauner VW.
13. Der 45-Jährige spielt gern Schach.
14. Der Mann mit blauer Hose mag Bingo und Schach nicht, aber dafür Black Jack.
15. Zwei Häuser rechts vom Schachspieler mag jemand Knack und Monopoly nicht.
16. Der Mann im blauen Haus fährt den schwarzen VW.
17. Der Mann welcher im Haus ganz rechts wohnt ist so alt wie die beiden Jüngsten zusammen.
18. Der linke Nachbar von dem der 2700€ verdient mag Monopoly.
19. Der Mann mit grüner Hose wohnt in einem gelben Haus.

20. Der 39-Jährige verdient 200€ mehr als sein linker Nachbar.
21. Der Mann im blauen Shirt verdient mit 2100€ genau 100€ weniger als sein linker Nachbar.
22. Der rechte Nachbar von dem grünen Opel ist 31 Jahre alt.
23. Der Mann im roten Haus mag Schach und Knack nicht.
24. Der rechte Nachbar von dem braunen VW ist 24 Jahre alt.
25. Der Mann, zwei Häuser links vom Bingospieler, verdient 2500€.
26. Der rechte Nachbar vom Fahrer des weißen Opel mag Black Jack und Schach nicht.
27. Der Mann ohne Auto hat eine blaue Jacke, wohnt in einem weißen Haus und hat einen Nachbarn mit weißem Opel.
28. Der rechte Nachbar vom Bingospieler mag Schach und Knack nicht.
29. Der Mann der 2700€ verdient mag Black Jack.
30. Der braune VW steht vor dem braunen Haus.

1.3.9.

Es gibt 6 Häuser. Jeder Bewohner hat einen Namen, mag manche Nahrungsmittel und manche nicht, treibt eine Sportart, mag eine Sportart nicht, hat eine gewisse Größe und ein bestimmtes Alter.

Wer mag Bowling nicht?

1. Der 58-Jährige mag kein Tennis.
2. Der Tennisspieler mag Golf nicht.
3. Peter wohnt rechts von Paul.
4. Ulf ist 165cm groß und spielt Volleyball.
5. Der Nachbar von dem 75-Jährigen ist zwei Jahre jünger als er selbst.
6. Links vom Volleyballspieler wohnt ein Fußballer.
7. Der rechte Nachbar von dem der keinen Fußball mag ist 10cm größer als sein rechter Nachbar.
8. Der rechte Nachbar von dem der nur Brot mag und keine Nudeln oder Reis essen kann spielt Tennis.
9. Der linke Nachbar vom Bowlingspieler mag Poker nicht.
10. Der linke Nachbar von dem der Poker nicht mag ist fünf Jahre älter als sein zweitlinker Nachbar.
11. Der 65-Jährige ist 5cm kleiner als sein rechter Nachbar.
12. Der Mann, der Reis und Nudeln mag aber kein Brot verträgt, wohnt links von dem der Brot und Reis nicht mag, sondern ausschließlich Nudeln isst.
13. Der Fußballer ist 7cm größer und zwei Jahre jünger als sein rechter Nachbar.
14. Der Mann der Reis und Brot mag, aber keine Nudeln isst, hat einen Nachbarn, der Nudeln und Brot mag, aber keinen Reis.
15. Der 190cm große Mann mag nur Brot und keine Nudeln oder Reis.
16. Tom hat nur einen Nachbarn, was der Ulf ist.
17. Hans linker Nachbar ist vier Jahre älter als er selbst.
18. Der Schachspieler ist 56 Jahre.
19. Der der kein Tennis mag, mag Reis und Brot, aber keine Nudeln.
20. Bernd mag keine Nudeln, kein Brot, sondern nur Reis.

21. Der Tennisspieler wohnt links von dem 73-Jährigen.
22. Vier Häuser rechts von Ulf wohnt Bernd.
23. Zwei Häuser rechts vom Schachspieler wohnt der Federballspieler.
24. Der 180cm große Mann mag Reis und Nudeln, aber kein Brot.
25. Hans wohnt zwei Häuser links von dem der kein Poker mag.
26. Peter ist 20cm größer als der drittlinke Nachbar.
27. Der 184cm große Mann mag kein Federball und ist zehn Jahre älter als sein zweitlinker Nachbar.
28. Der Mann der Nudeln und Brot nicht mag, aber Reis isst, spielt Bowling und ist 1cm kleiner als sein Nachbar.
29. Der Mann der Nudeln und Brot mag, aber keinen Reis, mag auch Fußball nicht.
30. Der rechte Nachbar von dem Federballspieler mag Federball nicht.

2. Logische Schlüsse

Bei logischen Schlüssen wird eine Konklusion (Schlussfolgerung) aus Prämissen gezogen. Voraussetzung für die Richtigkeit einer Konklusion ist die Richtigkeit der Prämissen. Mit Mitteln der Negation können auf simple Weise verwirrende Prämissen geschaffen werden.
Wichtig für die folgenden Aufgaben ist, dass Sie nicht auf die Richtigkeit des Inhaltes der Prämissen achten dürfen. Wenn eine Prämisse beispielsweise lautet: „Luft ist heller als ein Stift", dann ergibt das aus realer Sicht keinen Sinn. Allerdings ist es für die Aufgabe nicht relevant. Sie sollen nur die richtige Schlussfolgerung aus den Prämissen ziehen, unabhängig von deren Wahrheitsgehalt. Gerade wenn Prämissen unserem alltäglichen Verständnis widersprechen, dann ist es schwerer die richtige Konklusion zu ziehen.
Wählen Sie die richtige Lösung aus den Vorgaben aus. Es gibt immer nur eine Lösung.

2.1. Schwierigkeit: Leicht

2.1.1.
Prämisse 1: Alle Menschen sterben.
Prämisse 2: Bernd ist ein Mensch.

a) Bernd muss sterben.
b) Alle Menschen, außer Bernd, sterben.
c) Einige Menschen sterben.
d) Bernd stirbt nicht.

2.1.2.
Prämisse 1: Alle Schäferhunde bellen.
Prämisse 2: Nur Hunde können bellen.

a) Hunde zählen nicht zu Schäferhunden.
b) Wenn ein Hund bellt ist er ein Schäferhund.
c) Alle Schäferhunde sind Hunde.
d) Einige Schäferhunde sind keine Hunde.

2.1.3.
Prämisse 1: Kinder gehen in die Schule.
Prämisse 2: Ulf ist ein Kind.

a) Ulf geht in keine Schule.
b) Ulf geht in die Schule.
c) Ulf ist kein Kind.
d) Kinder gehen nicht mehr zur Schule.

2.1.4.
Prämisse 1: Alles was nicht säugt ist kein Säugetier.
Prämisse 2: Alle Bären säugen.

a) Kein Bär ist ein Säugetier.
b) Bären sind keine Säugetiere.
c) Jeder Bär säugt.
d) Alle Säugetiere sind Bären.

2.1.5.
Prämisse 1: Einige Häuser haben einen Keller.
Prämisse 2: Alle Häuser sind von Menschen erbaut.

    a) Menschliche Bauten haben einen Keller.
    b) Menschliche Bauten haben keinen Keller.
    c) Es gibt kein Haus ohne Keller.
    d) Einige menschliche Bauten haben Keller.

2.1.6.
Prämisse 1: Kein Tier benötigt kein Sauerstoff.
Prämisse 2: Fische haben Kiemen.
Prämisse 3: Mit Kiemen kann man im Wasser atmen.

    a) Fische können unter Wasser atmen.
    b) Nur Fische haben Kiemen.
    c) Kein Fisch hat Kiemen.
    d) Manche Fische haben keine Kiemen.

2.1.7.
Prämisse 1: Die Erde ist kein Gasplanet.
Prämisse 2: Kein Gasplanet hat eine feste Oberfläche.

    a) Einige Gasplaneten haben feste Oberflächen.
    b) Ein Gasplanet hat eine feste Oberfläche.
    c) Die Erde ist ein Gasplanet.
    d) Die Erde hat eine feste Oberfläche.

2.1.8.
Prämisse 1: Alle Autos haben einen Verbrennungsmotor.
Prämisse 2: Verbrennungsmotoren belasten die Umwelt.

a) Autos belasten die Umwelt.
b) Kein Auto belastet die Umwelt.
c) Einige Verbrennungsmotoren werden nicht für Autos genutzt.
d) Einige Autos haben keinen Verbrennungsmotor.

2.1.9.
Prämisse 1: Kein Mensch wohnt auf dem Mond.
Prämisse 2: Melissa ist ein Mensch.

a) Melissa lebt auf der Erde.
b) Melissa wohnt nicht auf dem Mond.
c) Melissa wohnt auf dem Mond.
d) Einige Menschen wohnen auf dem Mond.

2.1.10.
Prämisse 1: Gestein ist hart.
Prämisse 2: Granit ist Gestein.

a) Granit ist nicht hart.
b) Kein Granit ist hart.
c) Granit ist hart.
d) Einiges Gestein ist hart.

2.1.11.
Prämisse 1: Einige Menschen sind Sportler.
Prämisse 2: Sportler leben gesund.

    a) Menschen leben gesund.
    b) Einige Menschen leben gesund.
    c) Einige Sportler leben gesund.
    d) Menschen leben ungesund.

2.1.12.
Prämisse 1: Glas ist durchsichtig.
Prämisse 2: Alle Fenster sind aus Glas.

    a) Fenster sind nicht durchsichtig.
    b) Kein Fenster ist durchsichtig.
    c) Alle Fenster sind durchsichtig.
    d) Einige Fenster sind durchsichtig.

2.1.13.
Prämisse 1: Laminat ist aus Holz.
Prämisse 2: Der Boden bei Tina ist mit Laminat bedeckt.

    a) Der Boden bei Tina ist nicht mit Holz bedeckt.
    b) Alle Böden sind aus Holz.
    c) Tinas Boden ist nicht aus Holz.
    d) Der Boden bei Tina ist mit Holz bedeckt.

2.1.14.
Prämisse 1: In der Sauna schwitzen die Menschen.
Prämisse 2: Einige Menschen sind in der Sauna.

a) Alle Menschen schwitzen.
b) Kein Mensch schwitzt.
c) Einige Menschen schwitzen.
d) Kein Mensch schwitzt nicht.

2.1.15.
Prämisse 1: Der Mount Everest ist der höchste Berg der Welt.
Prämisse 2: Wenige Menschen haben den Mount Everest bestiegen.

a) Wenige Menschen waren auf dem höchsten Berg der Welt.
b) Kein Mensch war auf dem höchsten Berg der Welt.
c) Alle Menschen waren nicht auf dem höchsten Berg der Welt.
d) Kein Mensch war nicht auf dem höchsten Berg der Welt.

2.1.16.
Prämisse 1: Menschen sind Säugetiere.
Prämisse 2: Wenige Menschen waren auf dem Mond.

a) Auf dem Mond waren nie Säugetiere.
b) Alle Säugetiere leben auf der Erde.
c) Wenige Säugetiere waren auf dem Mond.
d) Kein Säugetier war nie auf dem Mond.

2.1.17.
Prämisse 1: Wer in einer Mietwohnung wohnt zahlt Miete.
Prämisse 2: Einige Menschen wohnen in einer Mietwohnung.

   a) Alle Menschen zahlen Miete.
   b) Kein Mensch zahlt keine Miete.
   c) Menschen zahlen keine Miete.
   d) Einige Menschen zahlen Miete.

2.1.18.
Prämisse 1: Motorradfahrer tragen Helme.
Prämisse 2: Einige Menschen fahren Motorrad.

   a) Alle Menschen mit Helm fahren Motorrad.
   b) Kein Mensch trägt keinen Helm.
   c) Einige Menschen tragen Helme.
   d) Alle Menschen tragen keinen Helm.

2.1.19.
Prämisse 1: Primzahlen sind nur durch 1 und sich selbst teilbar.
Prämisse 2: Die 7 ist nur durch 1 und sich selbst teilbar.

   a) Alle Zahlen sind Primzahlen.
   b) Die 7 ist eine Primzahl.
   c) Die 7 ist keine Primzahl.
   d) Keine 7 ist eine Primzahl.

2.1.20.
Prämisse 1: Läufer trainieren Ausdauer.
Prämisse 2: Viele Menschen gehen laufen.

   a) Alle Menschen trainieren Ausdauer.
   b) Kein Mensch trainiert keine Ausdauer.
   c) Kein Mensch trainiert Ausdauer.
   d) Viele Menschen trainieren Ausdauer.

2.2. Schwierigkeit: Mittel

2.2.1.
Prämisse 1: Alles mit vier Ecken ist ein Ball.
Prämisse 2: Keine Stange hat nicht vier Ecken.

   a) Eine Stange ist ein Ball.
   b) Keine Stange ist ein Ball.
   c) Kein Ball ist eine Stange.
   d) Ein Ball hat nicht vier Ecken.

2.2.2.
Prämisse 1: Alles aus Holz ist ein Schlitten.
Prämisse 2: Steffens Lederkissen ist nicht aus keinem Holz.

   a) Alle Lederkissen sind Schlitten.
   b) Steffens Lederkissen ist kein Schlitten.
   c) Steffens Lederkissen ist ein Schlitten.
   d) Steffens Lederkissen ist aus keinem Holz.

2.2.3.
Prämisse 1: Kein Tisch schwebt im Raum.
Prämisse 2: Kein Motorrad schwebt nicht im Raum.

    a) Tische schweben im Raum.
    b) Ein Motorrad ist kein Tisch.
    c) Kein Motorrad ist kein Tisch.
    d) Ein Motorrad ist ein Tisch.

2.2.4.
Prämisse 1: Alle Pflanzen sind nicht am Leben.
Prämisse 2: Kein Stein ist keine Pflanze.

    a) Steine sind nicht am Leben.
    b) Keine Steine sind nicht am Leben.
    c) Steine sind am Leben.
    d) Keine Pflanze ist nicht am Leben.

2.2.5.
Prämisse 1: Keine Flugzeuge verlassen die Erde nicht.
Prämisse 2: Lautsprecher sind Flugzeuge.

    a) Ein Lautsprecher ist kein Flugzeug.
    b) Kein Lautsprecher verlässt die Erde.
    c) Kein Lautsprecher ist ein Flugzeug.
    d) Lautsprecher verlassen die Erde.

2.2.6.
Prämisse 1: Was nicht blendet ist Licht.
Prämisse 2: Was ich nicht sehe das blendet mich.

    a) Licht blendet.
    b) Ich sehe Licht.
    c) Ich sehe kein Licht.
    d) Ich bin geblendet.

2.2.7.
Prämisse 1: Kein Fisch kann nicht fliegen.
Prämisse 2: Alle Bieber sind Fische.

    a) Bieber können fliegen.
    b) Bieber können nicht fliegen.
    c) Kein Bieber kann fliegen.
    d) Alle Fische sind Bieber.

2.2.8.
Prämisse 1: Manche Ziegen essen keine Hunde.
Prämisse 2: Keine Ziege ist kein Hai.

    a) Manche Haie essen keine Hunde.
    b) Alle Haie essen Hunde.
    c) Kein Hai isst kein Hund.
    d) Alle Haie sind Ziegen.

2.2.9.
Prämisse 1: Keine Teppiche sind Lederwaren.
Prämisse 2: Keine Jacken sind keine Teppiche.

    a) Jacken sind Lederwaren.
    b) Alle Teppiche sind Jacken.
    c) Jacken sind keine Lederwaren.
    d) Keine Jacken sind keine Lederwaren.

2.2.10.
Prämisse 1: Die Sonne dreht sich um die Erde.
Prämisse 2: Kein Mensch steht nicht auf der Sonne.

    a) Die Menschen drehen sich um die Sonne.
    b) Kein Mensch dreht sich nicht um die Erde.
    c) Kein Mensch dreht sich um die Erde.
    d) Alle Menschen drehen sich nicht um die Erde.

2.2.11.
Prämisse 1: Alle Fischer fischen nicht im Fischbecken.
Prämisse 2: Kein Fischfänger ist kein Fischer.

    a) Fischfänger fischen im Fischbecken.
    b) Kein Fischfänger fischt nicht im Fischbecken.
    c) Einige Fischer fischen im Fischbecken.
    d) Kein Fischfänger fischt im Fischbecken.

2.2.12.
Prämisse 1: Alle Raucher rauchen Rauch.
Prämisse 2: Kein Selbstrauchender ist kein Raucher.

a) Selbstrauchende rauchen Rauch.
b) Kein Selbstrauchender raucht Rauch.
c) Alle Raucher sind Selbstrauchende.
d) Kein Selbstrauchender ist kein Raucher.

2.2.13.
Prämisse 1: Alle Hühner haben keinen Schnabel.
Prämisse 2: Einige Enten sind Hühner.

a) Keine Ente hat keinen Schnabel.
b) Einige Enten haben keinen Schnabel.
c) Alle Hühner sind Enten.
d) Kein Huhn ist eine Ente.

2.2.14.
Prämisse 1: Keine Hündin ist nicht männlich.
Prämisse 2: Kein Weibchen ist keine Hündin.

a) Keine Hündin ist männlich.
b) Alle Hündinnen sind Weibchen.
c) Alle Weibchen sind männlich.
d) Kein Weibchen ist eine Hündin.

2.2.15.
Prämisse 1: Jeder Segler hat ein Boot.
Prämisse 2: Ein Maulwurf ist ein Segler.

- a) Jeder Maulwurf hat ein Boot.
- b) Kein Maulwurf hat ein Boot.
- c) Ein Maulwurf hat kein Boot.
- d) Nur Maulwürfe haben Boote.

2.2.16.
Prämisse 1: Alle Sichtfenster verdecken die Sicht.
Prämisse 2: keine freie Aussicht ist kein Sichtfenster.

- a) Die freie Aussicht verdeckt keine Sicht.
- b) Keine freie Aussicht verdeckt die Sicht.
- c) Kein Sichtfenster ist eine freie Aussicht.
- d) Keine freie Aussicht verdeckt die Sicht nicht.

2.2.17.
Prämisse 1: Alle Computer sind keine Textilien.
Prämisse 2: Keine Kopfkissen sind keine Computer.

- a) Keine Kopfkissen sind Textilien.
- b) Keine Kopfkissen sind keine Textilien.
- c) Keine Computer sind keine Textilien.
- d) Kopfkissen sind Textilien.

2.2.18.
Prämisse 1: In der Wüste gibt es keine Sonne.
Prämisse 2: Kein Kaktus wächst nicht in der Wüste.

    a) Kein Kaktus bekommt keine Sonne.
    b) Jeder Kaktus bekommt Sonne.
    c) Einige Kakteen bekommen Sonne.
    d) Kein Kaktus bekommt Sonne.

2.2.19.
Prämisse 1: Kein blauer Stifte malt nicht gelb.
Prämisse 2: Kein schwarzer Stift ist kein blauer Stift.

    a) Kein schwarzer Stift malt gelb.
    b) Kein schwarzer Stift malt blau.
    c) Alle schwarzen Stifte malen gelb.
    d) Alle schwarzen Stifte malen nicht gelb.

2.2.20.
Prämisse 1: Kein Käse ist kein Computer.
Prämisse 2: Jede Maus ist ein Käse.

    a) Alle Mäuse sind Computer.
    b) Keine Maus ist ein Computer.
    c) Jeder Käse ist eine Maus.
    d) Jede Maus isst Käse.

2.3. Schwierigkeit: Schwer

2.3.1.
Prämisse 1: Kein Baum ist nicht welk.
Prämisse 2: Einige Bäume sind frisch.
Prämisse 3: Rehe essen Bäume welche welk und frisch sind.

a) Rehe essen alle Bäume.
b) Bäume können nicht welk und frisch sein.
c) Rehe essen keine Bäume.
d) Rehe essen einige Bäume.
e) Einige Rehe essen keine Bäume.

2.3.2.
Prämisse 1: Licht ist schneller als der Schall.
Prämisse 2: Kein Auto ist nicht schneller als das Licht.
Prämisse 3: Ein Ball ist schneller als ein Auto.

a) Ein Ball ist schneller als Schall und Licht.
b) Ein Auto ist schneller als der Schall, aber nicht der Ball.
c) Der Ball ist langsamer als der Schall.
d) Kein Ball ist schneller als das Licht.
e) Ein Auto ist nicht schneller als das Licht.

2.3.3.
Prämisse 1: Holz ist härter als Beton.
Prämisse 2: Kein Metall ist härter als Beton.
Prämisse 3: Glas ist ein Metall.

a) Metall ist härter als Glas.
b) Glas ist härter als Holz.
c) Holz ist härter als Glas.
d) Glas und Beton sind härter als Holz.
e) Kein Metall ist nicht härter als Beton.

2.3.4.
Prämisse 1: Alles blaue sind Strahlen.
Prämisse 2: Alles nicht Blaue ist kein Strahl.
Prämisse 3: es gibt keinen fallenden Stein der nicht blau ist.

    a) Keine fallenden Steine sind Strahlen.
    b) Fallende Steine sind Strahlen.
    c) Fallende Steine sind keine Strahlen.
    d) Alles Blaue ist auch nicht blau.
    e) Ein Strahl kann blau und nicht blau sein.

2.3.5.
Prämisse 1: Wer nicht zu spät kommt den straft das Leben nicht.
Prämisse 2: Einige kommen immer zu spät.
Prämisse 3: Wer dunkle Augen hat kommt zu spät.

    a) Niemand hat keine dunklen Augen.
    b) Alle ohne dunkle Augen straft das Leben.
    c) Einige ohne dunkle Augen straft das Leben.
    d) Alle haben dunkle Augen.
    e) Alle mit dunklen Augen kommen zu spät.

2.3.6.
Prämisse 1: Um Krieg zu führen muss man das Volk überzeugen.
Prämisse 2: Angst wirkt sehr überzeugend.
Prämisse 3: Wahrheit macht keine Angst.

    a) Wahrheit führt nicht zur Überzeugung für Krieg.
    b) Wahrheit überzeugt das Volk.
    c) Wahrheit macht Angst.
    d) Keine Angst führt zu Krieg.
    e) Kein Krieg resultiert aus Angst.

2.3.7.
Prämisse 1: Kein Papier macht nicht glücklich.
Prämisse 2: Einige Zeitungen sind Kartons.
Prämisse 3: Keine Kartons sind nicht Papier.

  a) Keine Zeitung macht glücklich.
  b) Alle Zeitungen sind Papier.
  c) Alle Zeitungen machen glücklich.
  d) Keine Zeitung ist Papier.
  e) Einige Zeitungen machen glücklich.

2.3.8.
Prämisse 1: Alle Hunde sind Katzen.
Prämisse 2: Keine Hunde sind nicht weiß und schlau.
Prämisse 3: Keine Katzen sind nicht gelb und lieb.

  a) Einige Katzen sind weiß, schlau, gelb und lieb.
  b) Einige Katzen sind nicht weiß, schlau, gelb und lieb.
  c) Keine Katzen sind nicht weiß und schlau.
  d) Keine Katzen sind gelb und lieb.
  e) Keine Hunde sind nicht gelb und lieb.

2.3.9.
Prämisse 1: Alle Dreiecke sind Vierecke.
Prämisse 2: Alle Sechsecke sind Dreiecke.
Prämisse 3: Keine Geraden sind keine Sechsecke.

  a) Einige Geraden sind Vierecke.
  b) Einige Sechsecke sind Vierecke.
  c) Keine Geraden sind Vierecke.
  d) Alle Geraden sind Vierecke.
  e) Geraden sind keine Vierecke.

2.3.10.
Prämisse 1: Einige Sägen sind keine Lebewesen.
Prämisse 2: Keine Säge ist nicht aus Holz.
Prämisse 3: Alles aus Holz ist verspiegelt.

a) Einige Sägen sind nicht verspiegelt und keine Lebewesen.
b) Einige Sägen sind verspiegelt und Lebewesen.
c) Einige Sägen sind verspiegel und keine Lebewesen.
d) Keine Säge ist verspiegelt.
e) Sägen sind nicht verspiegelt.

2.3.11.
Prämisse 1: Alle Fische sind Säugetiere.
Prämisse 2: Kein Säugetier isst keine Pflanzen.
Prämisse 3: Alle Pflanzen sind Tiere.

a) Alle Fische essen einige Tiere.
b) Kein Fisch isst Tiere.
c) Fische essen keine Pflanzen.
d) Alle Fische essen alle Tiere.
e) Säugetiere essen alle Tiere.

2.3.12.
Prämisse 1: Keine Glocke kann Töne machen.
Prämisse 2: Alle Flöten sind Glocken.
Prämisse 3: Einige Trommeln sind Flöten.

a) Alle Trommeln können Töne machen.
b) Alle Flöten können Töne machen.
c) Alle Trommeln können keine Töne machen.
d) Einige Trommeln können keine Töne Machen.
e) Einige Trommel sind keine Glocken.

2.3.13.
Prämisse 1: Kein Baum ist nicht grün.
Prämisse 2: Alles Moos ist ein Baum.
Prämisse 3: Moos ist nicht hart.

    a) Moos ist grün und hart.
    b) Moos ist nicht grün und hart.
    c) Moos ist grün und nicht hart.
    d) Moos ist nicht grün und nicht hart.
    e) Alles Grüne ist Moos.

2.3.14.
Prämisse 1: Jeder Kreis ist endlich.
Prämisse 2: Alles Endliche ist dunkel.
Prämisse 3: Nichts Endliches ist nicht weiß.

    a) Alles Weiße ist endlich.
    b) Alles Weiße ist nicht endlich.
    c) Alles Endliche ist ein Kreis, weiß und dunkel.
    d) Alles Endliche ist ein Kreis, nicht weiß und dunkel.
    e) Einiges Endliche ist ein Kreis, weiß und dunkel.

2.3.15.
Prämisse 1: Alle gelben Autos sind grün.
Prämisse 2: Nichts Grünes steht nicht auf dem Boden.
Prämisse 3: Alles auf dem Boden ist wertlos.

    a) Alle gelben Autos sind wertlos.
    b) Alle gelben Autos sind nicht wertlos.
    c) Alle gelben Autos stehen nicht auf dem Boden.
    d) Einige gelbe Autos sind wertlos.
    e) Alles Grüne steht nicht auf dem Boden.

2.3.16.
Prämisse 1: Kein Haus hat Türen.
Prämisse 2: Alle Stufen sind grün.
Prämisse 3: Kein Haus ist keine Stufe.

    a) Alle Häuser sind nicht grün und haben Türen.
    b) Einige Häuser sind nicht grün und haben Türen.
    c) Alle Häuser sind grün und haben keine Türen.
    d) Einige Häuser sind grün und haben Türen.
    e) Alle Häuser sind grün und haben Türen.

2.3.17.
Prämisse 1: Alle Blumen sind Gänse.
Prämisse 2: Alle Wölfe sind keine Fische.
Prämisse 3: Alle Gänse sind Wölfe.

    a) Einige Fische sind Blumen.
    b) Kein Fisch ist keine Blume.
    c) Alle Blumen sind Fische.
    d) Kein Fisch ist eine Blume.
    e) Ein Fisch ist keine Blume.

2.3.18.
Prämisse 1: Alle Menschen wohnen auf der Erde.
Prämisse 2: Kein Mensch war nicht auf dem Mond.
Prämisse 3: Alle Menschen essen kein Fleisch.

a) Kein Mensch isst Fleisch, wohnt auf der Erde und war nicht auf dem Mond.
b) Menschen essen Fleisch, wohnen nicht auf der Erde und waren nie auf dem Mond.
c) Alle Menschen essen kein Fleisch, wohnen auf der Erde und waren nicht auf dem Mond.
d) Alle Menschen essen Fleisch, wohnen auf der Erde und waren auf dem Mond.
e) Einige Menschen wohnen auf der Erde, essen kein Fleisch und waren auf dem Mond.

2.3.19.
Prämisse 1: Am Ende lacht die Ente.
Prämisse 2: Alle Hühner sind Enten.
Prämisse 3: Kein Wolf ist kein Huhn.

a) Einige Wölfe lachen am Ende.
b) Alle Wölfe lachen am Ende.
c) Einige Wölfe lachen nicht am Ende.
d) Kein Wolf lacht am Ende.
e) Einige Hühner lachen am Ende.

2.3.20.
Prämisse 1: Alles Wasser ist staubig.
Prämisse 2: Kein Berg ist nicht Wasser.
Prämisse 3: Einige Berge sind Seen.

a) Einige Seen sind staubig.
b) Kein See ist staubig.
c) Alle Seen sind nicht staubig.
d) Alle Seen sind staubig.
e) Alle Berge sind nicht staubig.

3. Verstecktes Lösungswort in einer Formelsammlung

Sie kennen sicherlich einfache Formeln. Zum Beispiel ist 5z+3=18 eine solche Formel. Die Lösung ist natürlich 3. Wenn Sie eine Formel mit 2 Variablen haben, zum Beispiel: 2z+m=8, dann ist eine Lösung nicht mehr so eindeutig. Hilfreich ist dabei eine zweite Formel mit den gleichen Variablen. Zum Beispiel ist 4z-m=10 diese hilfreiche zweite Formel. Mit einer einfach mathematischen Vorgehensweise können Sie nun beiden Variablen eine eindeutige Lösung zuordnen (z= 3; m= 2).

In jeder Lösung wird ein Lösungswort verlangt. Daher müssen Sie noch etwas mit Ihren Ergebnissen machen.

Im Lösungsteil des Buches finden Sie vor den Lösungen kleine Tipps, welche Sie auf den richtigen Weg bringen können. Nutzen Sie diese im Notfall(!).

3.1. Schwierigkeit: Mittel

3.1.1.
5p + 3u = 17
4a + 3f = 18
-2p + u + 4f = 10
2p + 4a – u = 10

Lösungswort: __ __ __ __

3.1.2.
-2u + 5a = 4
5h – s = 6
3h + 2u – s = 16
u + 2s + 3a = 38

Lösungswort: __ __ __ __

3.1.3.
7p + 3f − 2e = 13
2f + 3e − r = 14
2p − f = 1
-4p + r + 2d = 17
-4e + 3r + 2d = 19

Lösungswort: __ __ __ __ __

3.1.4.
4r + 20 = 0
2u − 8r = 5 − 2b + 4n − 2a
-4b − 6a + 4n + 8r = -2
-20 − 2a = 2u - 4n
-20 = -4n + 4u

Lösungswort: __ __ __ __ __

3.1.5.
-3m = -3d + 15
4i - 1 = m + 15d
0 = 13 + 3e + a − 3d + 3m
3e = -3m + 3d - 19,5
-4m = -9e − 3d + 5,5

Lösungswort: __ __ __ __ __

3.1.6.
9o + 6 = -10h
2c + 2s = 16 + 2e
-5h – 3o = -18
-2e = -2c - 20
0 = 3 + 9o + 3e + 10h – 2s – 2c

Lösungswort: __ __ __ __ __

3.1.7.
0 = 24m – 4p
13,5 + 3y + 8m + 6L = 0
-5o + 18L = 5
-3y = 22,5 + 3L
10,5 + 3y + 4m = -3L

Lösungswort: __ __ __ __ __

3.1.8.
-14e + 3L – 4k = -10o
-3n + 4e = 16,5
-2o = 19 - 2e
-18,5 = -L + e
-2L + 8e = -2k + 6o + 4

Lösungswort: __ __ __ __ __

3.1.9.
-54 – 4z + 3a = 0
-8e + o = 8 – 4z + 3a
4z = 6a + 2o - 12
-3a + 4z + 14 = 4e
3n = o – 8e - 17

Lösungswort: __ __ __ __ __

3.1.10.
$-22 = -2n$
$-2n - 10e + 2 = 10i$
$10i = 4 + 2s - 10e$
$0 = 17 + 5i + 6e$
$8e = 2 + t - 10i$

Lösungswort: __ __ __ __ __

3.2. Schwierigkeit: Schwer

3.2.1.
$-6L = -6a + 2n - 6m + 5$
$-n + 25 = 2p$
$2n - 5a = -4L + 6m + e + 6,5$
$3n - 6a = -6L + 6m + 6$
$-17,5 + 2L + n - 3a = 3m$
$-4p - a = -30,5 + 2n$

Lösungswort: __ __ __ __ __ __

3.2.2.
$5c - 5ü + 3h = 20{,}5 - b$
$-13{,}5 + 10e = -ü - b$
$-5c + 5ü - b = -14{,}5$
$9 = 15h - 3r$
$-5e = -20$
$15h + 4ü - 5c = 3r + b + 3$

Lösungswort: __ __ __ __ __ __

3.2.3.
$-9 - 8k - 10e = -3o$
$20 = -5t - 6o - i - 2p$
$-6p - 5t = 18 - 2r + 2i$
$2k = -28$
$-5e - 21 = 4k$
$-10t + 6 = 2i + 6o + 6p$
$-4k - 4r + 4i = -10 - 8p - 5t$

Lösungswort: __ __ __ __ __ __ __

3.2.4.
$-6 = -12e - 8c + 5t$
$24 = 2c + 3e$
$-i - 26 = 2w + 3c - 5t$
$10t - 4 = 9c + 6w + 2i$
$-30{,}5 + c = g$
$-w - 2c = -33$
$-2g + c - h = 25$

Lösungswort: __ __ __ __ __ __ __

3.2.5.
$-2a + 5m = -25 - 2g - 4c + 4h$
$4h = 33s$
$-13 = 4h + 2a - 9c - 10m$
$-2i = 12 + 5m + 20g$
$-4c = 5m - 25$
$30s = 4h - 6$
$10m - 4h - 2a + 8c + 4g = 2$

Lösungswort: __ __ __ __ __ __ __

3.2.6.
$0 = 21{,}5 + 2i - 5t$
$3n - 4a = 21{,}5$
$-23 - 4i = 5L$
$12{,}5 = 15t - 4i + 4p$
$0 = 3n + 4i - 10t - 2a + 13{,}5$
$3{,}5 + 4p + 15t = 6i$
$4e - 6i + 4p - 2a - 10L = 5t + 0{,}5$

Lösungswort: __ __ __ __ __ __ __

3.2.7.
$z + 16f = 6{,}5 - 2e - 2a + p$
$4n - p = 11{,}5 + 6a - 8f - 3z$
$0 = 5 + 4n + 12f + 2e - 4L - 3z$
$4f - 2z = -36$
$-4f - 24 = -z$
$4f - 4L = 18 + z - 4n$
$-12{,}5 + 2e - 4f - 4n = -z - 4L + p$

Lösungswort: __ __ __ __ __ __ __

3.2.8.
$-4u = -12{,}5 - 10t + 3n$
$14 - 6r - 4g - 2a = 4u$
$-8{,}5 - 2g - 4u - 2a - 9n = 6r$
$6r - 4u + 5t = 12 - 4g - 5e$
$4u = 4g + 5e + 6r + 10t + 8$
$18 - 6r - 5e - 4g = 0$
$3r = -2g + 24$

Lösungswort: __ __ __ __ __ __ __

3.2.9.
$-3n + 2a + 2e = 5L + 23$
$33 - 2t = 3n$
$3n - u + i = 2e - 8a + 14{,}5$
$-4 + 2t + 2e - 18a - 3n = 2i - 2u$
$2i = 5L + 2u - 16a + 7$
$-24 + u - 8a = 0$
$36{,}5 + i = u - 8a$

Lösungswort: __ __ __ __ __ __ __

3.2.10.
$2h - 27 = 5m - 4i$
$3e + 10m - 3d = 12 + 4i + 2h$
$6e = 6i + 4h - 14$
$-3e + 4i = 21 - 2h$
$4s + 6 = 20c$
$-4s + 22c = 3$
$6i = 18 - 3h + 10m$

Lösungswort: __ __ __ __ __ __ __

3.3. Schwierigkeit: Sehr schwer

3.3.1.
$-3m + 3e + 3o - 30 = 0$
$-3n + 5o = 9m - 4c - 6e + 9$
$6e + 4L = -6 + 9m - 4c - 6o$
$16 = -6m + 4L + 6e + 6o$
$-3m + 2o = -3e + 25$
$4c - 3m + 2o = -20 + 4i$
$2o = -29 - 3e$
$7 + 4o + 8c = 3a + 6m - 8L - 6n$

Lösungswort: __ __ __ __ __ __ __ __

3.3.2.
$-16 - 6t + 4h - 2g + 15L = 0$
$6t - e = 4z - 2g + 35$
$2a = -40$
$9 - 4b + 2e + 6z + 4a + 9g = -6o$
$-37 - g = -2z$
$E + 8z + 7g = -12 + 6t + 4b$
$8z + 17g - 8b = 3t + 6$
$4z = 34 + 3o$
$-20L + 3g - 6h = -9t - 4$

Lösungswort: __ __ __ __ __ __ __ __ __

3.3.3.
$-2t - 5s = -a + 32$
$-6g - 6r - 5 = 3n + 20t$
$10t - 3ü + 3g + 12r = 5 + 10s + a$
$13 - 10t + 9r - 3ü - a = 3g + 5s$
$36 = -3b + 4u$
$-5s - 35 = 0$
$6r + 6g - 5 = -20t + a + 5s$
$-3g = 22 + 10t + 3r$
$-3b - 36 = 0$

Lösungswort: __ __ __ __ __ __ __ __ __

3.3.4.
$-5a = 14{,}5 - 3u - 10b + 5L$
$-2r + 9u = -6d - i - 21{,}5$
$2s - r + 18 = 6u - 4e + 10L$
$3d - i - 5a - 2r + 15 = -12u$
$-4e + 10L = 24$
$2i + 15u = 3r - 12d - 7$
$12d - 2r = 10 - 5a - 5i - 6u$
$6d + 5L - 2r = 2{,}5 + 11b + i - 9u$
$35{,}5 = i + 3d$

Lösungswort: __ __ __ __ __ __ __ __ __

3.3.5.
$2h - 15r = -2b - 4ü - 14$
$-32 + 2c = 4a - 12s$
$-5r + 6u - 18 = 24b$
$-2c - 22 = 2e - 10r + 4b$
$-4s - 2e - 2c = 10r - 4h + 4b - 14$
$-8 + 8s + 5r = -6b - 4c + 4h - 4e$
$38 + 2a = 0$

$0 = -24 - 12b + 3u$
$30 = -2h + 10r$

Lösungswort: _ _ _ _ _ _ _ _ _

3.3.6.
$-34 - 4s + 2d + 3i + 4ä + 5e = 0$
$-11,5 - 5e - 12i - 6b - d - 2n = 2s - 4ä$
$-40 - 4s = -4t$
$2s - 4ä - 5g - 18n = 4 - 12i - 6b$
$-2n - 6i - 3b + 23 = -4ä + 2s$
$4s + 2n - 5e - 15 = -3i - 3b + 4ä + 2d$
$4s - d + 6i + 16,5 = -3b + 4ä - 2n$
$2s - 4ä - 20n + 1 = 5e + 5g$
$d + 3b + 2s = -6i + 4ä + 34,5$

Lösungswort: _ _ _ _ _ _ _ _ _

3.3.7.
$12e + 5o - 4a - 3d = -16$
$6f - 8a + 5o = -9,5 + d + 4L + 3n - 2e$
$-5o - 8a - 8e + 2d = 7 + 8t$
$-6n - 8a - 8t - 11e + 2d + 2 = 0$
$d + 4t = -19 + 4e - 3f - 8a$
$10e - 2d = -14,5 - 2i + 8a - 3n$
$8 + 6f - 5o - 12e - 4L + 3d = 0$
$17 - 8a - 8t + 4e = d$
$-d = 5f - 4e + 27$

Lösungswort: _ _ _ _ _ _ _ _ _

3.3.8.
-32 - 2i - 2a + 4b - 4t = 8e
-33 - h + 2a - 2i = 0
0 = -34 + 2t + 2a
36 = -4e
4i - 4d = -8b - 2a - 6t + 14
-8d + 28b = -2t + s - 2a
35 + 7s = -t
4d = 20 + 14b
26 + 2L - 4a + 4i = -2h

Lösungswort: __ __ __ __ __ __ __ __ __

3.3.9.
19 - 4i + 10s = -2k + 3u - e
2k - 4i + 10s + 33 = 0
2k = 29 - 10s
3u - 4x - 2k = -4i - 5e + 10s - 12
2n - 27 = -4x + e + 3u
3u - 5r - 2n + 4i = 2k + 8x + 10s - 6e - 0,5
-11e + 8x + 5r = o + 19,5
-4n - 15s - 2k - 8,5 = 10e
5e = -2n - 32,5

Lösungswort: __ __ __ __ __ __ __ __ __

3.3.10.
4L + 6s + 2u + 1 = -16g + 10e - 2o
s + 3u - 23,5 = -4o - 5L
2L + 6t + s + 7u + 8g = -4o - 15
5u + 6t = -8g + 2L - 19
-29 - 2u - 4g + 2L = 3t
-3L = -2g - 32,5
-2ß - 3L = -32,5

-2L − 4o − 7u − 5e − 6t = -2s - 11
8,5 − 16g = 3k + 10u + 12t - L

Lösungswort: __ __ __ __ __ __ __ __ __

4. Formeln vervollständigen

In waagerechter uns senkrechter Richtung sind Formeln aufgeschrieben. Diese haben Lücken. Ihre Aufgabe besteht nun darin, dass Sie die Lücken auffüllen, damit die Ergebnisse korrekt sind. Es können Zeichen und Zahlen fehlen.
Die Regel: „Punktrechnung geht vor Strichrechnung" wird *nicht* angewandt.
Es wird nur mit ganzen Zahlen gerechnet und keine Zahl, auch kein Zwischenergebnis, ist kleiner als Null.

4.1. Schwierigkeit: Leicht

4.1.1.

	X		=	12
x		+		
	-		=	1
=		=		
24		8		

4.1.2.

	-		=	6
+		x		
	X		=	15
=		=		
17		40		

4.1.3.

21		3	=	7
	x		=	40
=		=		
13		8		

4.1.4.

		3	=	27
+		-		
8			=	16
=		=		
17		1		

4.1.5.

6			=	12
		+		
		7	=	12
=		=		
11				

4.1.6.

	x		=	20
+				
3		1	=	2
=		=		
8		4		

4.1.7.

16				=	4
-		x			
	+			=	14
=		=			
5		12			

4.1.8.

	+		=	13
x				
5		2	=	3
=		=		
15		5		

4.1.9.

	/	4	=	3
6	+		=	11
=		=		
6		20		

4.1.10.

9		3	=	3
		6	=	10
=		=		
5		18		

4.1.11.

14			=	4
		+		
		6	=	12
=		=		
7		16		

4.1.12.

6			=	17
		x		
	-	2	=	3
=		=		
30		22		

4.1.13.

6		6	=	12
	-		=	10
=		=		
18		12		

4.1.14.

	+	3	=	11
4			=	11
=		=		
4		21		

4.1.15.

5			=	20
x		-		
	+		=	9
=		=		
10		8		

4.1.16.

7			=	13
		x		
	-		=	1
=		=		
13		30		

4.1.17.

	/		=	1
/				
2	X		=	14
=		=		
4		15		

4.1.18.

			=	14
x				
7		6	=	1
=		=		
7		7		

4.1.19.

		9	=	4
		/		
1			=	4
=		=		
13		3		

4.1.20.

		2	=	8
/				
4			=	8
=		=		
4		8		

4.2. Schwierigkeit: Mittel

4.2.1.

6	/	3			=	20
				-		
3	+	7	-	3	=	7
				/		
2			/		=	2
=		=		=		
20		13		3		

4.2.2.

9			/	4	=	3
/				+		
	+	8			=	22
		/		-		
		2		5	=	9
=		=		=		
10		12		1		

4.2.3.

15		5		6	=	18
/				x		
3			/	2	=	5
	+	4			=	18
=		=		=		
25		3		10		

4.2.4.

20				5	=	10
/		x				
		3	+	6	=	13
				-		
	x	6			=	2
=		=		=		
8		5		2		

4.2.5.

19			/	3	=	7
		x				
4	x				=	10
5			/	3	=	4
=		=		=		
3		1		3		

4.2.6.

			-	21	=	14
		+				
6	/		+	7	=	10
-		/				
7	+		+	5	=	15
=		=		=		
23		3		15		

4.2.7.

7	+	5			=	24
		+				
			-	10	=	2
x		/				
6	/		+	8	=	11
=		=		=		
18		4		4		

4.2.8.

11			/	7	=	3
				x		
		16	-	8	=	12
/						
5	+	16			=	1
=		=		=		
3		42		36		

4.2.9.

		2	/		=	11
		+		x		
11	+			4	=	4
/				-		
2		7			=	21
=		=		=		
10		14		5		

4.2.10.

20	+	15			=	5
-		-				
14			/	6	=	7
		-				
	x		-	10	=	5
=		=		=		
9		7		3		

4.2.11.

18	+		/		=	5
x		+		+		
	+	13		7	=	22
		/				
	x			12	=	33
=		=		=		
4		5		25		

4.2.12.

15	+		/		=	5
		-				
3		8		16	=	8
/				/		
		6	-	11	=	19
=		=		=		
9		42		2		

4.2.13.

17		3		3	=	23
				x		
			x	9	=	18
x		-				
4		7			=	33
=		=		=		
28		4		30		

4.2.14.

30	/	5			=	19
				+		
20			x	2	=	32
		6	/	7	=	3
=		=		=		
25		14		8		

4.2.15.

9				31	=	53
x				-		
6	+	5			=	7
		/				
		3		9	=	14
=		=		=		
39		6		3		

4.2.16.

14	x	3				=	27
		+					
	/		+	7		=	15
/		/					
23			/	8		=	2
=		=		=			
2		1		16			

4.2.17.

56		2			=	4
		+				
8		9		4	=	13
		x		x		
	-		+	7	=	17
=		=		=		
20		33		21		

4.2.18.

15				/	5	=	2
+					x		
		11	x	3		=	60
8	x	4				=	39
=		=		=			
3		4		8			

4.2.19.

		8	/	5	=	5
		/				
	+	4			=	18
/		x				
3	+	13			=	13
=		=		=		
8		26		36		

4.2.20.

32			x	7	=	14
		/				
		10	x	1	=	12
5		8		4	=	10
=		=		=		
21		11		2		

4.3. Schwierigkeit: Schwer

4.3.1.

12		14	/	2		10	=	3
		/		+				
3	x		+	5		5	=	16
-		+		-		+		
10	+	8		6	x		=	21
						/		
2			+		/	3	=	3
=		=		=		=		
13		20		2		4		

4.3.2.

44	-	34		3		5	=	6
		/		+				
	+			5	/	9	=	2
+		-		/		-		
	+	3	-		x	3	=	18
x		/		+				
2		7	/		+	8	=	11
=		=		=		=		
22		2		5		19		

4.3.3.

	x	3		30	/	8	=	3
/						/		
	+	5	/	7	+	4	=	6
		x		-				
7		4	-	15	+	7	=	20
x		-		/				
3	x		/	2		6	=	21
=		=		=		=		
27		22		4		20		

4.3.4.

32	-	12		2		8	=	5
/		/		+				
	/	4	x		+	9	=	25
+		+		+				
6	+		/	5	x		=	21
		x				/		
5	-	3		3	x		=	24
=		=		=		=		
2		36		5		6		

4.3.5.

14	-		x	3		3	=	36
/				+		+		
	+		/	5		4	=	6
x		/		/				
8	-	6	+		+		=	13
		+		+		+		
10	+	7		9		9	=	17
=		=		=		=		
6		12		10		30		

4.3.6.

34	+		/	7		3	=	2
/		x		+		+		
17	-		/	5	+		=	14
		/		+		+		
	x	4			x		=	24
/		+		/		-		
3			+	8	/	2	=	8
=		=		=		=		
3		9		4		15		

4.3.7.

12	/	6	x	15			=	22
+		+		+		+		
7	+		/	5			=	7
		/		/		+		
	x	3	-		x	3	=	24
/		-		x		/		
5			+		/	2	=	8
=		=		=		=		
3		1		30		8		

4.3.8.

40		10	x	3		3	=	15
/		+		/		+		
8	/	4	+	1	+	10	=	13
		/		x		+		
	+	7	x		-		=	33
				+				
5			x	2			=	13
=		=		=		=		
10		11		17		2		

4.3.9.

19	+	6	/	5			=	2
x		+				+		
		4	-		x	3	=	3
		+		+		+		
	/	3	+		/	5	=	2
/				/				
10	x		-	2			=	4
=		=		=		=		
3		16		6		4		

4.3.10.

13	+	12	/			1	=	4
-		/				+		
10			x		-	5	=	13
x				+		x		
			x	7	+	5	=	19
		/		/				
	+	2			+		=	28
=		=		=		=		
19		3		3		13		

4.3.11.

13			x	3	-		=	26
-		+						
		8	+		+	5	=	23
/		+		+		x		
	+	13	/	5		5	=	8
				/		-		
9	+				+	7	=	10
=		=		=		=		
27		2		2		38		

4.3.12.

				3	-	4	=	3
-				+				
8	+	8		6	+		=	19
		x		/		+		
		9	-	3		5	=	17
/		-				-		
4	+				/	8	=	3
=		=		=		=		
4		21		8		10		

4.3.13.

39	/		+	11			=	2
-						/		
		11	-		+	6	=	28
/		-		+				
2	+	9		3			=	1
		x		/		-		
			/	4	x	6	=	12
=		=		=		=		
14		25		5		20		

4.3.14.

		7	-		x	12	=	36
+		+				+		
11	-		+			6	=	19
/				/		/		
		8	+	3	/		=	13
+		+		+				
7			+	10	/	7	=	3
=		=		=		=		
11		6		15		63		

4.3.15.

			-	4	+	18	=	19
-				x		/		
20	-				x	6	=	18
+		-						
10	+	1		5	/		=	4
		/		+		x		
	-	3	+	6			=	9
=		=		=		=		
2		6		23		14		

4.3.16.

			-	5	-	13	=	8
				+		+		
7			/	6	+	7	=	10
/		-		-				
		12	/	8	+		=	9
x		+				/		
5	+	14	+		-		=	15
=		=		=		=		
25		15		8		3		

4.3.17.

		19	+		/	5	=	4
/		-				x		
4	+	4			-	6	=	29
				-				
			-	7	+		=	11
/		+		-		/		
7	+	3			+	5	=	6
=		=		=		=		
2		26		13		5		

4.3.18.

			/	14	x	9	=	18
						+		
35	/				-	3	=	16
/		+		/		-		
3	+	7	/			8	=	13
-		/		-				
		7	+	4	/		=	5
=		=		=		=		
13		2		9		7		

4.3.19.

4		3		15			=	9
+		-		/				
		1	/	3	+	17	=	20
				+		/		
	-				/	5	=	2
+		/				-		
38	/	2	-				=	20
=		=		=		=		
39		5		7		1		

4.3.20.

				5		2	=	4
/						x		
13			-		/	6	=	3
x		x		+		+		
4	+	7			-		=	7
		-		+				
		13	x	3		1	=	53
=		=		=		=		
7		36		10		19		

5. Texträtsel

Lesen Sie einen Text und beantworten Sie im Anschluss eine Frage dazu. Diese Rätsel können nicht eindeutig einem Schwierigkeitsgrad zugeordnet werden. Generell sind alle recht anspruchsvoll aufgebaut und erfordern Konzentration und Verständnis von Zusammenhängen.

5.1. Der Arbeitstag

Wie jeden morgen zur gleich Zeit klingelt der Wecker. Er macht nicht nur ein schrilles Geräusch, sondern blinkt auch noch in einer penetranten Farbe.
Nach dem Erwachen macht er sich fertig für die Arbeit und trägt, wie fast immer, schwarze Schuhe. Seine Socken haben interessanterweise genau den gleichen Rotton wie der Rock seiner Kollegin, welche er später auf Arbeit trifft. Noch schnell etwas gegessen und schon verlässt er die Wohnung. Im Haus trifft er seinen Nachbarn. Der hat ein Bild gekauft, dessen Farbe ihn an die Wiese auf Arbeit erinnert welche er von seinem Lieblingsplatz aus sieht.
Vor dem Haus steht sein grauer Kombi. Eine schlichte Farbe, aber ein zuverlässiges Auto. Zufälligerweise fährt seine Freundin ein Auto in der gleichen Farbe. Beide sind jedoch nicht so auf Autos fixiert und putzen diese daher nur gelegentlich. Nach einer viertel Stunde trifft er endlich auf Arbeit ein und sucht seinen Parkplatz.
Das Auto eines Kollegen ist sauber poliert und hat dieselbe Farbe wie seine Schuhe. Ganz anders als jenes Auto der neuen Kollegin im roten Rock. Das Gelb ist genauso aggressiv wie das gelbe Blinken seines Weckers am Morgen.
Er beginnt nun zu arbeiten und ehe er sich versieht ist Mittag. Er geht zur Kantine und holt sein Portmonee raus. Die Geldbörse hat

den gleichen Farbton wie sein Auto. Die Kantine ist trostlos. Alle Tische und Stühle haben die gleiche eintönige Farbe wie das Auto seiner Freundin. Kurze Zeit später kommt eine junge Kollegin in den Speisesaal. Viele schauen nach ihr.
Ihr Kleid passt zur Farbe des Autos von dem Kollegen welcher sein Auto frisch poliert hat. Aber das fällt ihm nur nebenbei auf. Sie sitzt ihm genau gegenüber, weshalb er sich nicht konzentrieren kann. Darum setzt er sich an einen anderen Platz von welchem aus er die grüne Wiese des Parks auch sehen kann. Nach einer halben Stunde geht er wieder an die Arbeit und erledigt alles bis zum Nachmittag. Alles in Allem ein produktiver Tag.

Frage: Welche Farbe hat das Kleid der Kollegin?

5.2.   **Das Alter**

Bernd ist letzte Woche 30 geworden. Seine Schwester ist fünf Jahre jünger. Sein alter Armeefreund ist drei Jahre älter als die Schwester von Bernd. Markus, Bernds langjähriger Freund, ist drei Jahre älter als Bernd. Zumindest war dies vor zwei Wochen so. Er hatte schon immer ein Herz für Sophia. Der Lehrer, aus der Fortbildung von Markus, ist so alt wie Markus und Sophia zusammen. Zufälligerweise gingen der Lehrer und der Vater von Markus früher zusammen in die Schule. Jedoch ist Markus' Vater ein Jahr früher eingeschult worden, weshalb er auch ein Jahr älter ist. Es war übrigens auch sein Vater welcher seiner Schwester Sophia ihren Namen gab. Der alte Armeefreund von Bernd ist mittlerweile mit einer Frau verheiratet, welche fünf Jahre älter als er selbst ist.
Vor 15 Jahren ist Markus' Mutter halb so alt gewesen, wie heute der Vater von Sophia ist. Seine Mutter ist heute Hausfrau. So wie auch Beate, die Partnerin des alten Armeefreundes, seit sechs

Monaten. Sie erwartet ein Kind. Leider fasste die Mutter von Markus nie wieder richtig Fuß in der Berufswelt, als sie vor vier Jahren entlassen worden ist. Beate hofft hingegen, dass sie ein Jahr nach der Entbindung beruflich wieder durchstarten kann.

Mit welchem Alter wurde die Mutter von Sophia entlassen?

5.3. Der Mord

Ein Mord ist geschehen und es kann nur jemand aus dem engeren Kreis gewesen sein. Die Beweise sprechen eindeutig dafür, dass es genau zwei Personen gewesen sind, welche das Opfer vergiftet haben. Der Tatablauf lässt schließen, dass die Täter den ganzen Tag damit verbracht haben müssen das Verbrechen zu begehen und somit keinen Kontakt mit anderen haben konnten. Keiner konnte sich erlauben auch nur wenige Minuten vom Tatort zu verschwinden. Die Befragung der in Frage kommenden Personen ergab folgende Konstellationen:

Anna und Rebekka sind einkaufen gewesen und trafen dabei ihre Freundin Marie. Marie war kurz angebunden, da sie von ihrem besten Freund Tom gekommen ist. Sie wollte nur schnell ein paar Getränke besorgen. Tom ist ein Alleingänger und verbrachte den ganzen Tag bei Marie. Sie selbst redet gern mit ihm, möchte aber keine tiefere Verbindung. Allerdings hat sich Marie etwas in Steffen verguckt. Von ihm hat sie heute jedoch nichts gehört oder gesehen. Genauso wenig wie von seinem besten Freund Maik. Die beiden treiben sicherlich wieder irgendeinen Unfug. Thomas und Nicole haben sich von allen vollkommen abgekapselt seit sie ein Paar sind. Beide hängen nur noch aufeinander und vernachlässigen massiv ihre Freunde. Auch heute waren sie wieder zu zweit unterwegs. Keiner weiß wo sie waren oder was sie unternahmen. Ganz anders als Martina und Marcel. Sie haben

nur eine flüchtige Beziehung und treffen weiterhin viele Freunde. Alles scheint recht ungezwungen zu sein. Aber was die heute gemacht haben weiß auch kein Mensch. Früher hat Thomas immer von Steffen irgendwelches Zeug gekauft. Man vermutet, dass beide ab und an zusammen etwas geraucht haben. Auch heute ist Thomas einmal kurz bei Steffen gewesen und hat vermutlich irgendwelche krummen Sachen gemacht. Aber was genau, das weiß man nicht.
Dann gibt es noch das Trio mit Hans, Werner und Tobias. Die waren heute den ganzen Tag zusammen, so wie immer. Das sind die kindisch gebliebenen die oft irgendwelchen Ärger machen. Werner ist in Martina verliebt und die drei haben sie heute Mittag einmal besucht. Sie wollten sie überreden mitzukommen. Aber die Martina ist doch nicht verrückt. So etwas tut die sich nicht an.
 Dann gibt es da noch den Außenseiter Lukas. Der hat kaum zu jemandem Kontakt, aber viele meinen, dass man ihn falsch einschätzt. Rebekka sah ihn heute als er voller Selbstvertrauen ein sehr attraktives Mädchen angesprochen hat. Was daraus aber geworden ist, das weiß sie auch nicht. Torben und Ingo kennen dieses hübsche Mädchen. Es ist sogar eine Bekannte von Ingo. Sie haben sie am Nachmittag getroffen. Sie wissen sicherlich mehr was dabei raus gekommen ist.

Welche zwei Leute haben kein Alibi?

5.4. Die Diät

Susi hat in den letzten zwei Monaten 7kg abgenommen. Ganz anders als Steffen der in dieser Zeit 2kg zugenommen hat. Somit wiegt er jetzt genauso viel wie Stefan, dessen Gewicht sich nicht verändert hat. Stefan macht sich darüber kaum sorgen. Das krasse Gegenteil ist Ulrike. Sie wog vor zwei Monaten genauso viel wie Stefan und schaffte es bis heute 5kg abzunehmen. Und dies, obwohl sie damals einen BMI von gerade einmal 21,5 hatte. Also eigentlich vollkommen in der Norm. Ihre viel kleinere Freundin Maria versucht es schon ewig. Sie wog zwar ähnlich viel wie Ulrike, aber hatte durch ihre Größe einen höheren BMI. Die Mutter von Ulrike verstand ihre Tochter nicht. Nach ihrer Meinung hatte sie eine so schöne Figur. Sie war vor der Diät schon mit ihren 74kg eine Augenweide. Stefan und Tom, er ist Stefans Halbbruder, machen sich über das Ganze eher lustig. Tom wiegt 11kg mehr als Stefan und ist etwas pummelig. Aber das stört ihn nicht, weshalb das Gewicht die letzten Monate konstant blieb. Somit sind es nur die beiden Frauen, Susi und Ulrike, welche sich ernsthaft über ihr Gewicht Gedanken gemacht haben. Wie Ulrike ist auch Susi damals schon eine recht Schicke gewesen. Sie hatte eine normale Figur. Sie verglich sich damals mit Steffen, aus Interesse, und wog 2kg weniger als er. Tom, Steffen und Stefan haben in den zwei Monaten nichts abgenommen. Als sie hören wie viel Kilo die beiden Mädels zusammen verloren haben, da staunen sie nicht schlecht. Immerhin 12 Kg!

Was wiegen die beiden Mädels jeweils nach der Diät?

5.5. Klassentreffen

Ein Teil der Klasse unterhält sich über ihren aktuellen Verdienst.
Udo: „In den letzten fünf Jahren verdoppelte sich mein Gehalt!"
Martin: „Das ist gut. Aber ich habe schon vor drei Jahren das verdient was du heute hast."
Markus: „Mein Gehalt hat zwar keine solchen Sprünge gemacht, aber ich bin mit meinen 2700€ monatlich sehr zufrieden."
Steffi: „Ja, das sehe ich auch so. Zusammen kommen wir auf 5000€ pro Monat für uns mein Schatz. Da lässt es sich gut leben."
Tobi: „Da habt ihr beide recht. Im Grunde reicht das. Ich hatte vor drei Jahren das was Martin heute hat. Da kann ich ganz stolz sein."
Martin: „OK. Und um wie viel ist das bis heute gestiegen?
Tobi: „ um 500€."
Martin: „Da war mein Zuwachs in den letzten drei Jahren mit 800€ aber höher. Zumindest ein kleiner Gewinn. Da werde ich dich ja irgendwann überholen! Wenn das so bleibt."
Tobi: „Kann sein, aber heute noch nicht (und zwinkert)."
Hannes: „Ich finde euer Wetteifern etwas daneben. Seid doch froh, dass es euch gut geht und genießt den Abend. Ich verdiene das, was Udo vor fünf Jahren hatte und bin glücklich."
Tina: „Hannes hat recht. Man muss es nicht übertreiben. Aber es ist mal interessant zu wissen. Übrigens sieht es bei mir ähnlich aus, denn ich verdiene das was Udo vor drei Jahren hatte. Und bis dahin hatte er doch keine große Steigerung, oder Udo?"
Udo: „Ja, das stimmt. Bis dahin erhöhte sich mein Gehalt gerade einmal um 300€."
Maik: „Da hat sich ja mein Abschreiben von dir gelohnt, Tina. Ich habe heute das Doppelte von dir. Aber ich investiere davon meistens ¼ in ein Tierheim. Das sind immerhin 1500€ im Monat."

Wer hat aktuell das höchste Einkommen?

5.6. Einer klaut

Sieben Freunde fuhren in den Urlaub. Die Reise war bezahlt und sie nahmen nur noch etwas Taschengeld für Unternehmungen mit. Jeder hatte 1000€ eingeplant. Nach einigen Tagen bemerkte einer der Freunde, dass Geld gestohlen wurde. Es musst eine der sieben Personen gewesen sein.
Der Diebstahl geschah aus der Not heraus. Dem Täter reichten die 1000€ nicht. Somit musste er oder sie mehr ausgegeben haben als er oder sie besaß.

Nach der Landung sind alle erst einmal essen gegangen. Am üppigsten hat Ulf gegessen. Ihm wurde doppelt so viel berechnet wie Susi. Sie hatte den geringsten Rechnungsbetrag. Alle anderen haben ungefähr 40€ gezahlt. Den Mietwagen mussten die sieben Freunde jedoch noch bezahlen. Einer kostete für den gesamten Urlaub 300€. Es teilten sich immer zwei Freunde in einen Wagen. Tobias nahm einen Wagen allein, jedoch ein billigeres Model, wofür er nur 200€ zahlen musste. Etwas sauer war er darüber, dass er mehr zahlen musste. Jedoch sah er auch ein, dass es nicht anders ging. Nachdem alle ihren Mietwagen erhalten haben fuhr die Gruppe ins Hotel. Susi bemerkte, dass der Kellner ihr falsch rausgegeben hatte. Sie gab ihm einen 50€ Schein, worauf sie 30€ zurückbekam. Sie hätte aber, laut Rechnung, nur 20€ bekommen dürfen.
Die nächsten Tage unternahmen die Freunde verschiedene Dinge. Anna, Tobias und Martin gingen zum Wasserski. Das wollten die drei schon immer einmal ausprobieren. Die Kosten beliefen sich pro Teilnehmer auf 60€. Martin hatte sein Geld leider im Hotel vergessen gehabt, jedoch lud ihn Tobias ein.
Martina und Susi gingen shoppen. Es war schwer etwas zu finden, jedoch waren die beiden am Ende erfolgreich. Martina gab dabei 110€ aus und Susi kaufte ein Stück für 80€. Einige Tage später stellte Susi einen gravierenden Mangel an der

gekauften Kleidung fest. Der Händler gab ihr nur die Hälfte des Preises zurück da das Stück schon getragen wurde.
Bernd und Ulf gingen ins Casino. Sie verbrachten viel Zeit dort. Bernd spielte recht erfolglos und verlor dabei 220€. Ulf hingegen gewann 180€. Er war so glücklich darüber, dass er Martina die Hälfte zu ihrem Einkauf dazu gab.
Alle Freunde zusammen unternahmen an einem Tag eine Radtour. Es war ein Paket mit Verleih, einem Mittagessen und dem Eintritt in einen Erlebnispark. Insgesamt hat die Gruppe 560€ gezahlt. Jeder hat seinen Anteil selbst getragen.
Das Rad von Susi ist gestohlen worden. Leider hat die Gruppe den Dieb nicht finden können, weshalb Susi eine Strafe von 300€ zahlen musste. Ulf lieh ihr dafür 100€, da er noch ziemlich viel Geld übrig hatte.
Am Abend gingen alle in einen Club. Der Eintritt kostete 30€ pro Person. Martin lud Susi ein da ihm das mit dem Rad sehr leid tat. Ulf feierte an dem Abend seinen Geburtstag und übernahm alle Getränke. Das kostete ihn noch einmal 250€.
Die nächsten Tage wurden sehr aktiv. Anna gab 310€ für Schmuck aus und Martina genauso viel für ein neues Telefon. Ulf und Martin machten einen Bungeesprung für jeweils 200€. Bernd, Tobias und Susi buchten einen Rundflug. Sie zahlten dafür insgesamt 750€ und teilten das auf sich auf.
Martin hat auf einmal gemerkt, dass er 200€ verloren hat. Die sieben Freunde suchten lange danach. Jedoch blieb dies erfolglos.
Anna und Martina haben beide eine Vorliebe für Bücher. Sie kauften sich einige Geschichtsbücher über die Gegend. Anna bezahlte 70€ und Martina 95€.
Bernd und Ulf vertrieben sich die Zeit mit Motorrad fahren. Beide liehen sich eine Maschine für jeweils 250€ aus.
Susi gönnte sich etwas Wellness für immerhin 180€. Tobias hingegen war öfter essen und gab dafür insgesamt 110€ aus.
Zum Ende des Urlaubs wollte die Gruppe noch einmal einen Abenteuertrip machen. Dieser kostete pro Person 100€. Susi

wusste, dass ihr Geld dafür wohl nicht ganz reichen wird. Aber das könnte sie sich leihen und zu Hause zurückgeben. Als sie in ihren Geldbeutel schaute entdeckte sie, dass ihr jemand etwas gestohlen haben muss!

Wer hat Susi Geld gestohlen?

5.7. Wer war am Safe?

Matthias gibt eine kleine Party an einem Freitagabend. Er lädt dazu neun Freunde ein. Er selbst erscheint 21:00 Uhr. 0:30 Uhr fährt er noch einmal nach Hause, weil er noch weitere CD's holen will. Als er zu Hause eintrifft sieht er, dass jemand in seinen Safe eingedrungen ist. Der Täter machte keine Schäden. Daraus kann Matthias schließen, dass der Täter einen Schlüssel hatte. Es gibt jedoch nur einen Schlüssel. Diesen hatte er, zusammen mit dem Wohnungsschlüssel, in seiner Jacke bei der Party. Somit kann es nur jemand von der Party gewesen sein. Matthias weiß, dass man ca. eine Stunde für die Fahrt und den Einbruch benötigt. Er fährt mit einem Bekannten zurück zur Party und beide recherchieren unauffällig unter den Gästen. Matthias fällt noch ein wichtiger Punkt ein. Es muss auch recherchiert werden wer sich länger kennt. Denn diese Leute könnten zusammen arbeiten und sich gegenseitig ein Alibi geben. Nach einer Weile treffen sie sich in einem Nebenzimmer und gleichen ihre Informationen ab.

Nico erzählte, dass Paul bereits 21:30 Uhr recht angetrunken auf die Toilette gerannt ist. Dort muss er eine ganze Weile gewesen sein. Steffen beobachtete Andi wie er viel SMS geschrieben hat. Er hat wohl Ärger mit seiner Freundin. Besonders als er etwas mehr getrunken hatte fiel es auf. Das war so ab 23:00 Uhr. Das bestätigt auch Peter, welcher mit Andi ab 23:45 Uhr eine dreiviertel Stunde gesprochen hat. Andi hat auch von dem

Gespräch erzählt. Torben, Max, Steffen und Martin spielten ab 21:30 Uhr ein Trinkspiel. Alle berichteten ausführlich davon, weil es sehr lustig gewesen ist. Das Spiel ging eine Stunde. Max hingegen hat nach 30 Minuten bereits abgebrochen. Es ist ihm zu viel geworden. Max ist übel gewesen und er rannte zur Toilette. Alex sah ihn umher irren und machte sich darüber lustig. Eine viertel Stunde lang hat er wohl das WC gesucht, bis er es 22:15 Uhr gefunden hat. Max weiß nicht mehr viel, außer, dass er Paul vom WC vertreiben musste. Er blieb eine viertel Stunde auf der Toilette. Danach sah er wieder besser aus. Nico sah Peter beim rauchen. Besonders in den ersten 1,5 Stunden ist es ihm aufgefallen, dass er extrem oft rauchen gewesen ist. Außerdem rauchte Alex auch mit, berichtete Nico. Das war aber erst ab 22:00 Uhr für eine halbe Stunde. Andi sah Alex gegen 21:30 Uhr ein Bier umwerfen. Das fiel auf da er einfach eine Decke darüber gelegt hat. Nico und Andy unterhielten sich ausführlich über Fußball. Beide sagen aus, dass sie ab ca. 21:45 für eine Stunde gesprochen haben.

Mehr haben die beiden nicht herausfinden können. Jedoch haben sie erkannt, dass Andi bereits entlastet ist. Sie beschließen ihn einzuweihen und seine Beobachtungen hinzuzuziehen.

Max erzählte Andi, dass er und Torben 23:00 Uhr Poker gespielt haben. Sie spielten für eine halbe Stunde. Max sah auch Nico gegen 23:30 auf den Balkon gehen. Er war da fast eine dreiviertel Stunde. Die frische Luft tat ihm gut. Andi beobachtete Paul und Peter wie sie ab 22:45 Armdrücken gemacht haben. Das ging eine ganze halbe Stunde. Und ab 23:00 beobachtete er Alex wie er auf der Couch lag. Er war fix und fertig. Er weiß nicht wie lange er da gelegen hat, aber eine Stunde war es mindestens. Andi berichtet auch, dass sich Nico und Alex gegen 23:30 Uhr eine Weile über alte Zeiten unterhielten. Sie sind alte Klassenkameraden und kennen sich noch gut.

Etwas mehr Licht konnte in die Sache schon gebracht werden. Die beiden beschließen noch Peter zu fragen. Peter sprach auch

22:45 Uhr eine kurze Zeit mit Torben. Paul und Torben trafen sich 23:45 Uhr am Buffet und sprachen dort ca. eine halbe Stunde lang. Das konnte Peter gut beobachten. Peter beschrieb gleich die auffällig gute Beziehung zwischen Max und Torben. Im gleichen Atemzug kann er aber auch Max von 23:00 Uhr an entlasten. Max war angetrunken und hat viele peinliche Geschichten erzählt. Das ging den ganzen restlichen Abend so. Martin ging ab 23:15 Uhr in den Keller um dort irgendetwas zu bauen. Das erschien etwas befremdlich. Aber als Peter nach einer Stunde nach ihm schaute war er noch immer unten. Er hatte sogar etwas gebaut, weshalb er die Stunde auch da unten gewesen sein muss. Etwas Witziges erzählt Peter noch zu Steffen. Steffen lag ab 23:15 Uhr im Korridor und war vollkommen betrunken. Er lag den ganzen Abend dort.

Wer war der Täter?

5.8. Raumschiffe und das Licht

Einige Raumschiffe fliegen neben einem Lichtstrahl daher. Jedes hat eine andere Geschwindigkeit. Der Lichtstrahl selbst bewegt sich mit seinen bekannten 300.000 km/s (gerundeter Wert).

Das weiße Raumschiff fliegt mit 80.000 km/s den Lichtstrahl entlang. Vom gelben Raumschiff aus fliegt das Weiße 10.000 km/s. Das rote Raumschiff fliegt in etwas 20.000 km/s schneller als das grüne Raumschiff. Aus der Sicht des grünen Raumschiffes fliegt das gelbe 20.000 km/s langsamer. Das blaue Raumschiff hat die doppelte Geschwindigkeit des gelben Raumschiffes. Das blaue Raumschiff überholt das Graue, mit 40.000 km/s. Vom braunen Raumschiff aus fliegt das rote Raumschiff mit 30.000 km/s. Das schwarze Raumschiff überholt das grüne Raumschiff, mit 40.000 km/s. Doch das Schwarze ist noch immer 40.000 km/s langsamer als das orangene Raumschiff.

Welche Geschwindigkeit misst die Besatzung des orangenen Raumschiffes bei dem Lichtstrahl?

5.9. Casino

Ein paar Freunde gehen ins Casino und verbringen einen Abend an den Spieltischen.

Maik geht gleich am Anfang zum Roulette. Er verfolgt den Gedanken alles auf einmal zu setzen. Wenn er verdoppelt, dann läuft der Abend entspannt und wenn nicht, dann schaut er halt zu. Er setzt Alles auf „gerade" und hat Erfolg. Stefan und Hans hingegen setzen auf Poker. Stefan setzt mit 50€ nur ¼ seines Budgets ein und verliert die Hälfte. Hans geht mit seinen gesamten 150€ an den Tisch und gewinnt damit 60€. Sebastian hält sich erst einmal zurück und beobachtet. Erst zum Ende hin spielt er Roulette und gewinnt tatsächlich 150€. Maik will seinen Gewinn vom Roulette gleich wieder beim Black Jack vermehren. Diesmal hat er jedoch weniger Glück und verliert 70€. Bernd und Martin haben jeweils 180€ mit. Sie gehen erst einmal an die Automaten. Beide sind damit durchaus erfolgreich. Bernd gewinnt 240€ und Martin gewinnt sogar 360€. Fabian steuert gleich zu Beginn zielstrebig Black Jack an. Er verliert dabei 90€ und hat nur noch 190€. Matthias hat kein Geld mit und möchte einfach nur beobachten. Fabian und Stefan wollen ihre Verluste beim Roulette wieder ausbügeln. Sie setzen willkürlich auf Zahlen. Stefan hat Pech und verliert weitere 110€. Fabian hingegen spielt extrem erfolgreich und versiebenfacht die Hälfte seines Geldes. Stefan ist so deprimiert, dass er sich den Rest des Abends an die Automaten setzt. Er gewinnt dabei noch einmal

125€. Bernd geht zum Black Jack und halbiert innerhalb von fünf Minuten sein Geld. Martin geht mit seinem Gewinn vorsichtiger um und spielt Poker. Er verliert nur 20€. Aber Martin ist mit seiner Bilanz zufrieden und spielt diszipliniert. Er setzt nur kleine Beträge um sich die Zeit zu vertreiben. Er verliert beim Black Jack am Ende 50€. Hans verdreifacht beim Roulette und gewinnt somit das Doppelte der Summe mit welcher Maik ins Casino gegangen ist. Matthias ist etwas enttäuscht, dass er kein Geld mitgenommen hat. Am Ende des Abends gibt ihm jeder Gewinner 50€, damit er auch noch einmal spielen kann. Er wählt das Spiel bei welchem die Freunde die beste Ausbeute hatten. Er rechnet dabei Gewinne und Verluste entgegen. Maik und Hans gehen an die Automaten. Beide verlieren allerdings. Maik 140€ und Hans 100€. Hans geht zum Poker zurück und gewinnt noch einmal die Hälfte dessen, was er anfangs beim Poker gewonnen hat. Fabian geht zum Glücksrad. Es ist ein großes auf und ab. Zwischendurch war er nur noch bei 100€. Am Ende macht er aber nur 70€ minus. Maik versucht mal das Pokerspiel und vertut sich dabei. Er verliert 140€. Bernd spielt auch das Glücksrad und gewinnt dabei 100€. Diesen Gewinn setzt er zum Ende hin beim Roulette ein. Er hat Glück und verdreifacht den Gewinn. Er verfällt in eine Art Rausch und spielt immer weiter Roulette. Er verliert 400€. Matthias hat seinen kurzen Auftritt leider nichts abgewinnen können und verliert seinen Einsatz.

Wie viel Geld hat Matthias bei welchem Spiel verloren?

5.10 Das Geheimnis vom Alter

Sieben Kolleginnen treffen sich bei einen geselligen Abend. Im Laufe des Abends kommen sie auf das Thema des Alters. Alle gehen damit recht locker um, außer Beate. Das macht die anderen sechs natürlich neugierig und sie spekulieren über ihr Alter. Sie tragen alles zusammen was sie wissen. Dazu gehören klare Fakten sowie Informationen, welche sie im Laufe der Zeit von Beate selbst erfahren haben. Aber Vorsicht! Wenn Beate mit dem Alter so geheimnisvoll ist, dann kann sie auch mal Lügen, da sie sich gern jünger macht.

Ines(26): „Also Beate hat mal zu mir gesagt, dass sie gern wieder in meinem Alter wäre."

Nicole(41): „ Meine Tochter geht mit ihrer Tochter in die Klasse. Beide sind gleich alt, nämlich 14 Jahre. Und Beate sagte mir, dass sie erst ihre Tochter bekommen hat, als sie eine Ausbildung und eine feste Anstellung hatte."

Tamara(21): „Also als ich ihr von einer Party erzählte da sagte sie, dass sie in meinem Alter auch viel unterwegs gewesen ist. Das war vor 10 Jahren."

Ines(26): „Mir sagte sie allerdings, dass sie vor 14 Jahren in deinem Alter gewesen ist!"

Tamara(21): „Achso? Da hat sie es vielleicht schön geredet."

Annett(48): „Also jünger als ich ist sie auf jeden Fall. Ich bin im Jahr 1967 geboren. Ich sah mal zufällig auf ihren Ausweis. Da erkannte ich die ersten 3 Ziffern: 197 bei ihrem Geburtsjahr."

Kerstin(51): „Ich habe letzte Woche eine Geburtstagsliste bei unserem Abteilungsleiter gesehen. Da ging es unter Anderem um runde Geburtstage. Daher weiß ich, dass sie dieses Jahr schon Geburtstag hatte. Und irgendwann, in zwei oder drei Jahren, einen Runden haben muss."

Steffi(37): „ Also ich hatte dieses Jahr auch Geburtstag und bin die Einzige, welche mein Alter erreicht hat. Das sah ich in der Personalabteilung. Die haben alle mit meinem Alter aufgelistet um etwas zu prüfen. Da stand nur ich."

Annett(48): „Mir sagte sie nach ihrer Geburtstagsfeier, dass sie in 14 Jahren einen sehr dramatischen runden Geburtstag haben wird. Was immer das bedeutet."

Wie alt ist Beate?

6. Knack den Code

Bei diesen Rätseln müssen Sie sehr kreativ sein und Geduld bewahren. Im ersten Teil, unter 6.1., lernen Sie ein paar Grundlagen, welche Sie für die Rätsel kennen müssen. Dabei handelt es sich um römische Ziffern und den Binärcode. Wenn Sie dies verinnerlicht haben, dann können Sie sich an die Lösung der Rätsel wagen.

Im Lösungsteil werden Sie erst eine Reihe von Tipps erhalten, welche Sie auf die richtige Fährte bringen können. Jedoch sollten Sie im eigenen Interesse versuchen diese Tipps nicht zu nutzen. Normalerweise dauert die Lösung der Rätsel länger, je nachdem ob Sie die richtige Methode haben. Sollten Sie nicht weiter kommen, dann hilft auch eine Pause um es später noch einmal zu versuchen. Nutzen Sie die Tipps nur im äußersten Notfall. Entfernen Sie sich von vorgefertigten Lösungsgedanken und versuchen Sie Ihre Kreativität in jede Richtung zu lenken. Die Codes sind logisch aufgebaut und nachvollziehbar.

6.1. Training

Römische Zahlen:
I =1
V =5
X =10
L =50
C =100
D =500
M =1000

Zahlen werden aus diesen Bausteinen zusammengesetzt. Durch Addition und Subtraktion ist jede beliebige Zahl darstellbar.
Wenn die kleinere vor einer höheren Zahl steht, dann wird die kleinere von der höheren abgezogen. So beispielsweise bei der 4. Sie wird als IV geschrieben. Somit rechnen Sie 5-1 und Sie erhalten 4.
Anders die 6. Sie wird mit VI dargestellt. Rechnen Sie 5+1 und Sie erhalten 6.
Nun ein paar Beispiele zur Übung:

VII= ___	XIX= ___	XV= ___	LIII= ___
XXI= ___	XLI= ___	III= ___	XXX= ___
LXI= ___	XII= ___	XX= ___	XIV= ___
49= ___	34= ___	8= ___	77= ___
33= ___	67= ___	13= ___	55= ___
17= ___	42= ___	83= ___	79= ___

Binärcode
Sie kennen den Code aus der Computersprache. Er besteht aus Einsen und Nullen. Mit dem Binärcode können alle Zahlenwerte dargestellt werden. Am einfachsten lässt er sich an einem Beispiel erklären.
Zur Übung den Code 1101.
Sie beginnen von hinten und rechnen:
2 (für 2 Varianten im Binärcode)
Hoch Null (letzte Stelle im Code ist immer hoch Null)
= **1** (Ein beliebiger Wert hoch Null ist immer 1)
Ergebnis 1 multiplizieren Sie mit eins aus dem Code. (Die letzt Stelle der Zahlenfolge)
> Sie erhalten 1 und notieren diese Zahl.

Weiter mit der vorletzten Zahl 0:
Sie rechnen:
2 hoch 1 = 2
2 x 0 = **0**
> Sie erhalten 0 und notieren diese Zahl.

Weiter mit der drittletzten Zahl 1=
2 hoch 2 = 4
4 x 1 = **4**
> Sie erhalten 4 und notieren diese Zahl.

Weiter mit der ersten Zahl 1:
2 hoch 3 = 8
8 x 1 = **8**
> Sie erhalten 8 und notieren diese Zahl.

Nun addieren Sie alle Einzelziffern und erhalten13, was das Ergebnis ist. Zum veranschaulichen noch einmal folgende Tabelle („^" steht für Potenz, 4^3 bedeutet 4^3):

	1	0	0	1	0
	2^4	2^3	2^2	2^1	2^0
Ergebnis:	16	8	4	2	1
Rechne:	16x1	8x0	4x0	2x1	1x0
Wert:	16	0	0	2	0

Addition: 18

	1	0	1	1	1
	2^4	2^3	2^2	2^1	2^0
Ergebnis:	16	8	4	2	1
Rechne:	16x1	8x0	4x1	2x1	1x1
Wert:	16	0	4	2	1

Addition: 23

Noch ein paar Zahlen zur Übung:

1011:_____ 1001:_____ 1111:_____ 1000:_____
111 :_____ 10 :_____ 1100:_____ 11 :_____

46:_____ 67:_____ 23:_____ 66:_____
12:_____ 88:_____ 55:_____ 91:_____

Allgemeiner Hinweis:
Im Internet können Sie sich auch diversen Programmen zur Umrechnung bedienen, sodass Sie den Binärcode schnell umwandeln können.
Ein weiterer wichtiger Punkt ist das Alphabet. Die Kenntnis vom numerischen Platz der Buchstaben in der Reihenfolge des Alphabets ist wichtig. Jedoch ist eine Übung darin unnötig, da es sich hier um eine einfache Zählübung handelt.
Bei Kettenaufgaben entfällt die Regel: „Punktrechnung geht vor Strichrechnung".

Die folgende Karte benötigen Sie zur Lösung.
Gesucht ist pro Rätsel ein Städtename.

6.2.

0101 XVI XII XXI XIX 1010 XIII IX XIV XXI XIX 1001
XIII I XII 0011 XVI XII XXI XIX 1100 IV XXI XVIII III VIII
0010 XVI XII XXI XIX 1000 XIII IX XIV XXI XIX 1111
XIII I XII 0010 XVI XII XXI XIX 0011 XVI XII XXI XIX
0101 IV XXI XVIII III VIII 0011 XIII IX XIV XXI XIX 0001

011010 000110 I IV IV IX V XVIII V 000010 001111 011001
001010 100001 I XII XII V 000011 011011 111000 110010
111110 000001 XVI XVIII IX XIII XXVI I VIII XII V XIV
000100 001100 110001 000101 100000 110011 110111
111000 101001 100011 100111 000010

Welche Stadt markiert dieser Code?

6.3.

IV 10110 XVIII 01001 V 00101 IX 10010 VI 11010 I
00101 III 01000 VIII 01110 XVII

Welche Stadt markiert dieser Code?

Lösungen

Sie benötigen einen Anfang. Das ist irgendeine Eigenschaft, welche explizit einem Haus zugeordnet werden kann.

1.1.1.

Haus 1	Haus 2	Haus 3	Haus 4
schwarze Haare	Glatze	blond	lange Haare
Raucher	Kaffeetrinker	Biertrinker	untreu
dick	dünn	Athlet	klein

1.1.2.

Tipp:
1. Das Alter des Ältesten kann man suchen.
2. Manchmal sind weitere Häuser nur in einer Richtung zu finden.

Haus 1	Haus 2	Haus 3	Haus 4
Neuseeland	Alpen	China	Ostsee
3 Monate	2 Wochen	8 Wochen	**3 Wochen**
29 Jahre	34 Jahre	42 Jahre	61 Jahre

1.1.3.

Haus 1	Haus 2	Haus 3	Haus 4
Krimi	**Sachbuch**	Reiseberichte	Drama
Trainer	Hausmeister	Maler	Elektriker
weißes Auto	schwarzes Auto	grünes Auto	gelbes Auto

1.1.4.

Haus 1	Haus 2	Haus 3	Haus 4
Zaun	Hecke	keine Grenze	Mauer
2 Männer	Eine Frau	1 Mann	2 Frauen
grün	**braun**	gelb	orange

1.1.5.

Haus 1	Haus 2	Haus 3	Haus 4
4 Fenster	3 Fenster	**kein Fenster**	2 Fenster
mit Keller und Dachboden	ohne Keller und Dachboden	nur Keller	nur Dachboden
Arzt	Ingenieur	Psychologin	Tänzerin

1.1.6.

Haus 1	Haus 2	Haus 3	Haus 4
-2 Jahre 1x rechts (38)	40 Jahre	+10 Jahre 1x links (50)	**+4 Jahre 1x links (54)**
VW	Opel	Mazda	BMW
helle Hemden	dunkle Shirts	helle Pullover	dunkle Hemden

1.1.7.

Haus 1	Haus 2	Haus 3	Haus 4
groß und dünn	klein und dünn	groß und dick	klein und dick
schwarze Haare	**braune Haare**	blonde Haare	graue Haare
Max	Martin	Tom	Wolfgang

1.1.8.

Haus 1	Haus 2	Haus 3	Haus 4
Spanier	Franzose	Holländer	Schwede
6 Familienhaus	4 Familienhaus	2 Familienhaus	**Einfamilienhaus**
2 Töchter	3 Söhne	1 Tochter	1 Sohn

1.1.9.

Haus 1	Haus 2	Haus 3	Haus 4
Marlboro	F6	Pall Mall	Zigarre
Programmierer	Lehrer	Student	Tischler
lesen	wandern	**schwimmen**	Yoga

1.1.10.

Haus 1	Haus 2	Haus 3	Haus 4
Saft	Milch	Wasser	Tee
Schichtarbeiter	nur Frühdienst	nur Spätdienst	Homeoffice
Schweinefleisch	Fisch	Salat	Muscheln

1.2.1.

Haus 1	Haus 2	Haus 3	Haus 4
Handwerker	Kaufmann	Lehrerin	Geologe
sparsam	Spekulant	verschwenderisch	geizig
ewiger Single	neue Partnerschaft	Familie	geschieden
Fahrrad	Kleinwagen	Motorrad	Kleinbus
30	Ende 40	35	51

1.2.2.

Haus 1	Haus 2	Haus 3	Haus 4	Haus 5
Rentnerpaar	Großfamilie	frisch verlobt	WG	Single
rot	braun	grün	gelb	hellblau
VW	OPEL	BMW	Mercedes	Peugeot
verreisen	Instrumente	Fitness	klettern	Rad fahren

1.2.3.

Haus 1	Haus 2	Haus 3	Haus 4
Maria	Stefanie	Martina	Nicole
Kleid	Rock	Jeans	Anzug
+ 3 Jahre 1x rechts (44)	-2 Jahre 1x rechts (41)	43	-11 Jahre 1x links (32)
Hausfrau	Lehrerin	Professorin	Maklerin

1.2.4.

Haus 1	Haus 2	Haus 3	Haus 4
Reitverein	Fußballverein	Alpenverein	Tierschutzverein
185 cm	+ 2cm 1x links (187cm)	**180 cm**	191 cm
braun	orange	grün	rot
4 Stufen	keine Stufen	8 Stufen	5 Stufen

1.2.5.

Haus 1	Haus 2	Haus 3	Haus 4
Handball	Volleyball	Tischtennis	Basketball
Deutscher	Italiener	**Norweger**	Finne
lange Haare	Glatze	kurze Haare	Halbglatze
Katze	Hund	Papagei	Hamster

1.2.6.

Haus 1	Haus 2	Haus 3	Haus 4
Elektrotechnik	BWL	Physik	Geologie
seit 2 Jahren	seit 6 Monaten	noch keine Arbeit	seit 1,5 Jahren
Fahrrad	Auto	Bahn	Bus
verlobt	verheiratet	Single	geschieden

1.2.7.

Haus 1	Haus 2	Haus 3	Haus 4
kleiner Mann	große Frau	großer Mann	kleine Frau
73 kg	75 kg	91 kg	81 kg
Tom	**Steffi**	Maik	Ulrike
Tattoo	2 Ohrringe	1 Ohrring	Piercing
Seat	Ford	Mitsubishi	Porsche

1.2.8.

Haus 1	Haus 2	Haus 3	Haus 4
2 Familien	4 Familien	3 Familien	**6 Familien**
kleiner Garten	großer Garten	kein Garten	2 Gärten
8 Stufen	10 Stufen	5 Stufen	2 Stufen
12 Fenster	14 Fenster	11 Fenster	8 Fenster
gelb	grün	braun	hellblau

1.2.9.

Haus 1	Haus 2	Haus 3	Haus 4
Spaghetti	Steak	Fisch	Salat
Bank	Stadtwerke	Konsum	Tankstelle
braune Haare	blonde Haare	schwarze Haare	hellbraune Haare
Schwede	**Belgier**	Schweizer	Portugiese
Orangensaft	Bananensaft	Kirschsaft	Kiwisaft

1.2.10.

Haus 1	Haus 2	Haus 3	Haus 4
Schach	Poker	Kniffel	Monopoly
VW	Opel	BMW	**Mercedes**
Australien	Südafrika	Amerika	Brasilien
Elektriker	Koch	Vertreter	Makler
40	+3 Jahre 1x links (43)	+5 Jahre 1x links (48)	-4 Jahre 1x links (44)

1.2.11.

Haus 1	Haus 2	Haus 3	Haus 4
athletisch	normal	dick	kräftig
-3 cm 1x rechts (177)	180 cm	+2 cm 1xlinks (182)	+3 cm 2xlinks (183)
Handball	Hockey	Boxen	Skifahren
4 Kinder	keine Kinder	1 Kind	Zwillinge
rote Haare	braune Haare	schwarze Haare	blonde Haare

1.3.1.
Tipp: Wenn 2 Eigenschaften 4 Häuser voneinander getrennt sind, dann können diese Eigenschaften bei nur 5 Häusern klar verteil werden.

Haus 1	Haus 2	Haus 3	Haus 4	Haus 5
Engländer	Spanier	Deutscher	Franzose	Italiener
Psychologe	**Händler**	Makler	Koch	Profisportler
blond	dunkelbraun	hellbraun	dunkelblond	schwarz
45	48	32	54	51
Hund	Katze	Fische	Wellensittich	Papagei
keine Kinder	3 Kinder	1 Kind	2 Kinder	4 Kinder

1.3.2.

Haus 1	Haus 2	Haus 3	Haus 4	Haus 5
Däne	Spanier	Österreicher	Belgier	Norweger
+1 cm 2x rechts (179cm)	+3 cm 1x rechts (181cm)	178 cm	-5cm 1x links(173cm)	+2 cm 1x links(175)
46	42	67 (Ältester)	35 (Jüngster)	+2 1xlinks (37)
blaues Auto	schwarzes Auto	graues Auto	grünes Auto	rotes Auto
Friseur	Händler	Maler	Lackierer	Trainer
gelbes Haus	weißes Haus	oranges Haus	grünes Haus	rotes Haus

1.3.3.

Haus 1	Haus 2	Haus 3	Haus 4	Haus 5
Bernd	Tom	Maik	Tobias	Ulf
mag Reis	mag Salat	mag Fisch	mag Eis	mag Obst
mag Rind nicht	mag Äpfel nicht	mag Eis nicht	**mag Gemüse nicht**	mag Fisch nicht
Makler	Friseur	Mechaniker	Trainer	Berater
gelernter Elektriker	gelernter Makler	gelernter Kaufmann	gelernter Mechaniker	gelernter Friseur
VW	BMW	Mercedes	Opel	Peugeot

1.3.4.
Tipp: Zuerst die Autos verteilen.

Haus 1	Haus 2	Haus 3	Haus 4	Haus 5
Martina	**Erna**	Susi	Katja	Marie
mag Fleisch	mag Gemüse	mag Müsli	mag Austern	mag Kartoffeln
mag Müsli nicht	mag Erdbeeren nicht	mag Fleisch nicht	mag keine Haferflocken	mag Spaghetti nicht
Taxifahrerin	Sicherheitskraft	Verkäuferin	Programmiererin	Bankkauffrau
gelernte Floristin	gelernte Trainerin	gelernte Taxifahrerin	gelernte Bankkauffrau	gelernte Sicherheitskraft
blaues Auto	rotes Auto	weißes Auto	graues Auto	schwarzes Auto

1.3.5.

Haus 1	Haus 2	Haus 3	Haus 4	Haus 5
klein / dick	klein / dünn	groß / dünn	groß / sehr dick	groß / dick
167 cm	+ 5cm 1x links (172)	+ 23 cm 2x links (190)	-3 cm 1x links (187)	180cm
+ 7 Jahre 2x rechts (52)	-3 Jahre 1x rechts (42)	45 Jahre	+8 Jahre 2x links (50)	-2 Jahre 1x links (48)
+600€ 3x rechts (3100)	-400€ 1x rechts (2400)	+300 1x rechts (2800)	2500 €	+100 2x links (2900)
Katze	Wellensittich	Hund	**Maus**	Ratte
8 Stufen	14 Stufen	5 Stufen	6 Stufen	2 Stufen

1.3.6.
Tipp: Geschlechter beachten.

Haus 1	Haus 2	Haus 3	Haus 4	Haus 5
Markus	**Beate**	Susanne	Tino	Petra
- 1 cm 3x rechts (186)	+3 cm 1x rechts (173)	+ 4 cm 2x rechts (170)	+21 cm 1x rechts (187)	166 cm
+4 Jahre 1x rechts (45)	41 Jahre	+3 Jahre 1x links (44)	+2 Jahre 2x links (43)	-6 Jahre 1x links (37)
+400€ 1x rechts (2200)	1800€	-200€ 1x links (1600)	+500 1x links (2100)	3000€
4 Kinder	3 Kinder	keine Kinder	2 Kinder	1 Kind
Kartoffeln	Reis	Brot	Eier	Obst
schwimmen	Rad fahren	wandern	Ski fahren	joggen

1.3.7.
Tipp: Zuerst die Nationalitäten verteilen.

Haus 1	Haus 2	Haus 3	Haus 4	Haus 5
Brasilianer	Italiener	Nigerianer	Spanier	Deutscher
Fußball	Handball	Volleyball	Basketball	Hockey
Single	verheiratet	geschieden	verlobt	frische Partnerschaft
mag nicht Handball	mag nicht Volleyball	mag nicht Hockey	mag nicht Fußball	Mag nicht Basketball
Psychologe	Elektriker	Mechaniker	Dachdecker	Trainer
gelernter Psychologe	gelernter Dachdecker	gelernter Mechatroniker	gelernter Elektriker	gelernter Profisportler
gelber VW	gelber Mercedes	grauer VW	schwarzer VW	grauer Seat

1.3.8.

Haus 1	Haus 2	Haus 3	Haus 4	Haus 5
grüne Jacke	blaue Hose	grüne Hose	blaues Shirt	blaue Jacke
2500€	**+200 1x links (2700)**	-300 2x links (2200)	-100 1x links (2100)	+500 2x links (2700)
schwarzer VW	brauner VW	grüner Opel	weißer Opel	kein Auto
Schach	Black Jack	Bingo	Monopoly	Knack
mag nicht Bingo und Knack	mag nicht Schach und Bingo	mag nicht Monopoly und Knack	mag nicht Schach und Knack	mag nicht Black Jack und Schach
45	39	24	31	Summe der Jüngsten (55)
blau Haus	braunes Haus	gelbes Haus	rotes Haus	weißes Haus

1.3.9.
Tipp: Zuerst die Namen verteilen.

Haus 1	Haus 2	Haus 3	Haus 4	Haus 5	Haus 6
Tom	Ulf	**Hans**	Paul	Peter	Bernd
mag Reis, Brot und keine Nudeln	mag Brot, Nudeln und keinen Reis	mag Brot, kein Reis und keine Nudeln	mag Reis, Nudeln und kein Brot	Mag kein Brot, kein Reis, nur Nudeln	Mag kein Brot, keine Nudeln, nur Reis
Fußball	Volleyball	Schach	Tennis	Federball	Bowling
mag kein Tennis	mag kein Fußball	Mag kein Bowling	mag kein Golf	mag kein Poker	mag kein Federball
-2 Jahre 1x rechts (58)	*+4 Jahre 1x rechts (60)*	56	*+5 Jahre 2x links(65)*	-2 Jahre 1x rechts (73)	+10 Jahre 2x links (75)
+7 cm 1x rechts (172)	165 cm	+10cm 1x rechts (190)	-5cm 1x rechts (180)	+20 cm 3x links (185)	-1cm erster links (184)

2.1.1. Lösung a
2.1.2. Lösung c
2.1.3. Lösung b
2.1.4. Lösung c
2.1.5. Lösung d
2.1.6. Lösung a
2.1.7. Lösung d
2.1.8. Lösung a
2.1.9. Lösung b
2.1.10. Lösung c
2.1.11. Lösung b
2.1.12. Lösung c
2.1.13. Lösung d
2.1.14. Lösung c
2.1.15. Lösung a
2.1.16. Lösung c
2.1.17. Lösung d
2.1.18. Lösung c
2.1.19. Lösung b
2.1.20. Lösung d

2.2.1. Lösung a
2.2.2. Lösung c
2.2.3. Lösung b
2.2.4. Lösung a
2.2.5. Lösung d
2.2.6. Lösung b
2.2.7. Lösung a
2.2.8. Lösung a
2.2.9. Lösung c
2.2.10. Lösung b
2.2.11. Lösung d
2.2.12. Lösung a
2.2.13. Lösung b
2.2.14. Lösung c
2.2.15. Lösung a
2.2.16. Lösung d
2.2.17. Lösung a
2.2.18. Lösung d
2.2.19. Lösung c

2.2.20. Lösung a

2.3.1. Lösung d
2.3.2. Lösung a
2.3.3. Lösung c
2.3.4. Lösung b
2.3.5. Lösung e
2.3.6. Lösung a
2.3.7. Lösung e
2.3.8. Lösung a
2.3.9. Lösung d
2.3.10. Lösung c
2.3.11. Lösung a
2.3.12. Lösung d
2.3.13. Lösung c
2.3.14. Lösung e
2.3.15. Lösung a
2.3.16. Lösung c
2.3.17. Lösung d
2.3.18. Lösung b
2.3.19. Lösung b
2.3.20. Lösung a

3.
Erster Tipp:
Variablen weg kürzen, damit Sie die Formeln lösen können. (Erklärung anhand des Beispiels)

$$2z+m=8$$
$$4z-m=10$$
d.h.: $6z=18$
$z=3$ Den Wert nun einsetzen und „m" errechnen)

Zweiter Tipp:
Formeln können im Ganzen mit einem Wert multipliziert oder dividiert werden, ohne ihr Ergebnis zu verändern.
$3m=9$ ist das gleiche wie: $6m=18$

Dritter Tipp:
Das Lösungswort ergibt sich aus einer bestimmten Anordnung der Variablen der Lösung.

Vierter Tipp:
Für das Wort die Variablen entsprechend ihren Werten sortieren.

3.1.1. P=1/f=2/a=3/u=4 PFAU
3.1.2. H=3/a=4/u=8/s=9 HAUS
3.1.3. P=2/f=3/e=5/r=7/d=9 PFERD
3.1.4. B=-7,5/r=-5/a=6/u=6/n=11 BRAUN
3.1.5. M=-4/e=-1,5/d=1/i=3/a=6,5 MEDIA
3.1.6. O=-14/c=9/h=12/s=18/e=19 OCHSE
3.1.7. O=-19/L=-5/y=-2,5/m=3/p=18 OLPYMP
3.1.8. O=-17/n=-15,5/k=-8/e=-7,5/L=11 ONKEL
3.1.9. O=-18/z=-15/e=-10/a=-2/n=15 OZEAN
3.1.10. S=-12/t=-8/e=-7/i=5/n=11 STEIN

3.2.1. L=-20/a=-19,5/m=4/p=7/e=9/n=11 LAMPEN
3.2.2. B=-18/ü=-8,5/c=-2/h=2/e=4/r=7 BÜCHER
3.2.3. k=-14/o=-11/p=-10/i=-4/e=7/r=10/t=14 KOPIERT
3.2.4. G=-12,5/e=-4/w=-3/i=16/c=18/h=18/t=18 GEWICHT
3.2.5. M=-7/a=-7/g=1/i=1,5/s=2/c=15/h=16,5 MAGISCH
3.2.6. P=-17/L=-11/a=4/t=7,5/i=8/n=12,5/e=13 PLATINE
3.2.7. P=-5,5/f=-3/L=-3/a=6/n=7,5/z=12/e=12,5 PFLANZE
3.2.8. A=-10/g=-9/e=-6/n=-4,5/t=-4/u=-3,5/r=14 AGENTUR
3.2.9. L=-16/i=-12,5/t=-12/a=-3/u=0/e=3/n=19 LITAUEN
3.2.10. S=-9/c=-1,5/h=8/m=9/i=14/e=17/d=19 SCHMIED

3.3.1. c=-19/a=-19/m=-18/e=-13/L=-11/i=2/o=5/n=8 CAMELION
3.3.2. a=-20/b=-17,5/g=-11/e=-7/h=-6/o=6/L=8/z=13/t=17 ABGEHOLZT
3.3.3. a=-14/b=-12/r=-9/ü=-8/s=-7/t=-5,5/e=0/n=13/g=20 ABRÜSTUNG
3.3.4. A=-12,5/u=-6/s=-6/b=1/i=2,5/L=8/d=11/e=14/r=18 AUSBILDER
3.3.5. A=-19/u=-12/s=-6/b=-5/r=6/ü=14c=14/h=15/e=15 AUSBRÜCHE
3.3.6. B=-19/e=-19/s=-15/t=-5/ä=-1/n=-1/d=9,5/i=18/g=18 BESTÄNDIG
3.3.7. D=-19/e=-13/f=-12/L=-10/a=-2/t=0/i=0/o=15/n=20,5 DEFLATION
3.3.8. D=-16/i=-16/e=-9/b=-6/s=-6/t=7/a=10/h=19/L=20 DIEBSTAHL

3.3.9. E=-14,5/x=-14/k=-13/u=-9,5/r=-2/s=5,5/i=15,5/o=18/n=20
EXKURSION

3.3.10. S=-20/t=-14/0=-13,5/ß=-13/k=-4/u=0/g=13/e=14/L=19,5
STOßKUGEL

4.1.1.

4	x	3	=	12
x		+		
6	-	5	=	1
=		=		
24		8		

4.1.2.

14	-	8	=	6
+		x		
3	x	5	=	15
=		=		
17		40		

4.1.3.

21	/	3	=	7
-		+		
8	x	5	=	40
=		=		
13		8		

4.1.4.

9	x	3	=	27
+		-		
8	x	2	=	16
=		=		
17		1		

4.1.5.

6	x	2	=	12
+		+		
5	+	7	=	12
=		=		
11		9		

4.1.6.

5	x	4	=	20
+		/		
3	-	1	=	2
=		=		
8		4		

4.1.7.

16	/	4	=	4
-		x		
11	+	3	=	14
=		=		
5		12		

4.1.8.

3	+	10	=	13
x		/		
5	-	2	=	3
=		=		
15		5		

4.1.9.

12	/	4	=	3
-		x		
6	+	5	=	11
=		=		
6		20		

4.1.10.

9	/	3	=	3
-		x		
4	+	6	=	10
=		=		
5		18		

4.1.11.

14	-	10	=	4
/		+		
2	x	6	=	12
=		=		
7		16		

4.1.12.

6	+	11	=	17
x		x		
5	-	2	=	3
=		=		
30		22		

4.1.13.

6	+	6	=	12
+		x		
12	-	2	=	10
=		=		
18		12		

4.1.14.

8	+	3	=	11
-		x		
4	+	7	=	11
=		=		
4		21		

4.1.15.

5	+	15	=	20
x		-		
2	+	7	=	9
=		=		
10		8		

4.1.16.

7	+	6	=	13
+		x		
6	-	5	=	1
=		=		
13		30		

4.1.17.

8	/	8	=	1
/		+		
2	x	7	=	14
=		=		
4		15		

4.1.18.

1	+	13	=	14
x		-		
7	-	6	=	1
=		=		
7		7		

4.1.19.

13	-	9	=	4
x		/		
1	+	3	=	4
=		=		
13		3		

4.1.20.

16	/	2	=	8
/		x		
4	+	4	=	8
=		=		
4		8		

4.2.1.

6	/	3	+	18	=	20
x		x		-		
3	+	7	-	3	=	7
+		-		/		
2	+	8	/	5	=	2
=		=		=		
20		13		3		

4.2.2.

9	+	3	/	4	=	3
/		x		+		
3	+	8	x	2	=	22
+		/		-		
7	x	2	-	5	=	9
=		=		=		
10		12		1		

4.2.3.

15	/	5	x	6	=	18
/		+		x		
3	+	7	/	2	=	5
x		/		-		
5	+	4	x	2	=	18
=		=		=		
25		3		10		

4.2.4.

20	/	10	x	5	=	10
/		x		+		
4	+	3	+	6	=	13
+		/		-		
3	x	6	/	9	=	2
=		=		=		
8		5		2		

4.2.5.

19	+	2	/	3	=	7
-		x		+		
4	x	4	-	6	=	10
/		-		/		
5	+	7	/	3	=	4
=		=		=		
3		1		3		

4.2.6.

5	x	7	-	21	=	14
x		+		/		
6	/	2	+	7	=	10
-		/		x		
7	+	3	+	5	=	15
=		=		=		
23		3		15		

4.2.7.

7	+	5	x	2	=	24
-		+		+		
4	x	3	-	10	=	2
x		/		-		
6	/	2	+	8	=	11
=		=		=		
18		4		4		

4.2.8.

11	+	10	/	7	=	3
+		+		x		
4	+	16	-	8	=	12
/		+		-		
5	+	16	-	20	=	1
=		=		=		
3		42		36		

4.2.9.

31	+	2	/	3	=	11
-		+		x		
11	+	5	/	4	=	4
/		+		-		
2	x	7	+	7	=	21
=		=		=		
10		14		5		

4.2.10.

20	+	15	/	7	=	5
-		-		+		
14	x	3	/	6	=	7
+		-		-		
3	x	5	-	10	=	5
=		=		=		
9		7		3		

4.2.11.

18	+	12	/	6	=	5
x		+		+		
2	+	13	+	7	=	22
/		/		+		
9	x	5	-	12	=	33
=		=		=		
4		5		25		

4.2.12.

15	+	15	/	6	=	5
x		-		+		
3	x	8	-	16	=	8
/		x		/		
5	x	6	-	11	=	19
=		=		=		
9		42		2		

4.2.13.

17	+	3	+	3	=	23
-		+		x		
10	-	8	x	9	=	18
x		-		+		
4	+	7	x	3	=	33
=		=		=		
28		4		30		

4.2.14.

30	/	5	+	13	=	19
-		x		+		
20	-	4	x	2	=	32
+		-		-		
15	+	6	/	7	=	3
=		=		=		
25		14		8		

4.2.15.

9	+	13	+	31	=	53
x		+		-		
6	+	5	-	4	=	7
-		/		/		
15	/	3	+	9	=	14
=		=		=		
39		6		3		

4.2.16.

14	x	3	-	15	=	27
+		+		-		
32	/	4	+	7	=	15
/		/		+		
23	-	7	/	8	=	2
=		=		=		
2		1		16		

4.2.17.

56	/	2	/	7	=	4
/		+		-		
8	+	9	-	4	=	13
+		x		x		
13	-	3	+	7	=	17
=		=		=		
20		33		21		

4.2.18.

15	-	5	/	5	=	2
+		+		x		
9	+	11	x	3	=	60
/		/		-		
8	x	4	+	7	=	39
=		=		=		
3		4		8		

4.2.19.

17	+	8	/	5	=	5
+		/		+		
7	+	4	+	7	=	18
/		x		x		
3	+	13	-	3	=	13
=		=		=		
8		26		36		

4.2.20.

32	-	30	x	7	=	14
/		/		+		
2	+	10	x	1	=	12
+		+		/		
5	x	8	/	4	=	10
=		=		=		
21		11		2		

4.3.1.

12	+	14	/	2	-	10	=	3
x		/		+		-		
3	x	2	+	5	+	5	=	16
-		+		-		+		
10	+	8	/	6	x	7	=	21
/		+		x		/		
2	+	5	+	2	/	3	=	3
=		=		=		=		
13		20		2		4		

4.3.2.

44	-	34	x	3	/	5	=	6
/		/		+		+		
11	+	2	+	5	/	9	=	2
+		-		/		-		
7	+	3	-	4	x	3	=	18
x		/		+		+		
2	+	7	/	3	+	8	=	11
=		=		=		=		
22		2		5		19		

4.3.3.

18	x	3	-	30	/	8	=	3
/		+		-		/		
9	+	5	/	7	+	4	=	6
+		x		-		x		
7	x	4	-	15	+	7	=	20
x		-		/		+		
3	x	10	/	2	+	6	=	21
=		=		=		=		
27		22		4		20		

4.3.4.

32	-	12	x	2	/	8	=	5
/		/		+		+		
8	/	4	x	8	+	9	=	25
+		+		+		+		
6	+	9	/	5	x	7	=	21
/		x		/		/		
5	-	3	x	3	x	4	=	24
=		=		=		=		
2		36		5		6		

4.3.5.

14	-	10	x	3	x	3	=	36
/		x		+		+		
7	+	3	/	5	+	4	=	6
x		/		/		x		
8	-	6	+	8	+	3	=	13
-		+		+		+		
10	+	7	-	9	+	9	=	17
=		=		=		=		
6		12		10		30		

4.3.6.

34	+	8	/	7	/	3	=	2
/		x		+		+		
17	-	2	/	5	+	11	=	14
+		/		+		+		
7	x	4	-	20	x	3	=	24
/		+		/		-		
3	+	5	+	8	/	2	=	8
=		=		=		=		
3		9		4		15		

4.3.7.

12	/	6	x	15	-	8	=	22
+		+		+		+		
7	+	3	/	5	+	5	=	7
-		/		/		+		
4	x	3	-	4	x	3	=	24
/		-		x		/		
5	x	2	+	6	/	2	=	8
=		=		=		=		
3		1		30		8		

4.3.8.

40	/	10	x	3	+	3	=	15
/		+		/		+		
8	/	4	+	1	+	10	=	13
x		/		x		+		
3	+	7	x	5	-	17	=	33
-		+		+		/		
5	+	9	x	2	-	15	=	13
=		=		=		=		
10		11		17		2		

4.3.9.

19	+	6	/	5	-	3	=	2
x		+		+		+		
3	+	4	-	6	x	3	=	3
-		+		+		+		
27	/	3	+	1	/	5	=	2
/		+		/		-		
10	x	3	-	2	/	7	=	4
=		=		=		=		
3		16		6		4		

4.3.10.

13	+	12	/	5	-	1	=	4
-		/		+		+		
10	-	4	x	3	-	5	=	13
x		+		+		x		
5	-	3	x	7	+	5	=	19
+		/		/		-		
4	+	2	+	5	+	17	=	28
=		=		=		=		
19		3		3		13		

4.3.11.

13	-	3	x	3	-	4	=	26
-		+		x		+		
7	+	8	+	3	+	5	=	23
/		+		+		x		
2	+	13	/	5	+	5	=	8
x		/		/		-		
9	+	12	/	7	+	7	=	10
=		=		=		=		
27		2		2		38		

4.3.12.

9	+	12	/	3	-	4	=	3
-		-		+		+		
8	+	8	-	6	+	9	=	19
x		x		/		+		
16	+	9	-	3	-	5	=	17
/		-		+		-		
4	+	15	+	5	/	8	=	3
=		=		=		=		
4		21		8		10		

4.3.13.

39	/	3	+	11	/	12	=	2
-		+		+		/		
17	+	11	-	6	+	6	=	28
/		-		+		x		
2	+	9	+	3	-	13	=	1
+		x		/		-		
3	+	5	/	4	x	6	=	12
=		=		=		=		
14		25		5		20		

4.3.14.

49	/	7	-	4	x	12	=	36
+		+		+		+		
11	-	9	+	11	+	6	=	19
/		/		/		/		
15	+	8	+	3	/	2	=	13
+		+		+		x		
7	+	4	+	10	/	7	=	3
=		=		=		=		
11		6		15		63		

4.3.15.

40	/	8	-	4	+	18	=	19
-		+		x		/		
20	-	11	/	3	x	6	=	18
+		-		+		+		
10	+	1	+	5	/	4	=	4
/		/		+		x		
15	-	3	+	6	/	2	=	9
=		=		=		=		
2		6		23		14		

4.3.16.

13	x	2	-	5	-	13	=	8
+		+		+		+		
7	+	11	/	6	+	7	=	10
/		-		-		.+		
4	+	12	/	8	+	7	=	9
x		+		+		/		
5	+	14	+	5	-	9	=	15
=		=		=		=		
25		15		8		3		

4.3.17.

36	-	19	+	3	/	5	=	4
/		-		+		x		
4	+	4	+	27	-	6	=	29
+		+		-		-		
5	+	8	-	7	+	5	=	11
/		+		-		/		
7	+	3	/	10	+	5	=	6
=		=		=		=		
2		26		13		5		

4.3.18.

16	+	12	/	14	x	9	=	18
+		-		+		+		
35	/	5	+	12	-	3	=	16
/		+		/		-		
3	+	7	/	2	+	8	=	13
-		/		-		+		
4	+	7	+	4	/	3	=	5
=		=		=		=		
13		2		9		7		

4.3.19.

4	+	3	+	15	-	13	=	9
+		-		/		+		
8	+	1	/	3	+	17	=	20
/		+		+		/		
12	-	8	+	6	/	5	=	2
+		/		-		-		
38	/	2	-	4	+	5	=	20
=		=		=		=		
39		5		7		1		

4.3.20.

39	+	1	/	5	/	2	=	4
/		+		x		x		
13	+	6	-	1	/	6	=	3
x		x		+		+		
4	+	7	+	2	-	6	=	7
-		-		+		+		
5	+	13	x	3	-	1	=	53
=		=		=		=		
7		36		10		19		

5.1. Das Kleid ist schwarz.
5.2. Die Mutter wurde mit 40 Jahren entlassen. (Der Vater von Markus und Sophia ist 58 Jahre. Die Errechnung ist bis dahin recht simpel. Seine Frau war vor 15 Jahren 29 Jahre. Daher ist sie heute 44 und wurde vor 4 Jahren entlassen.)
5.3. Maik und Marcel haben kein Alibi. (Anna und Rebekka haben Marie getroffen. Somit scheiden Sie aus. Tom und Marie verbrachten Zeit zusammen, weshalb auch diese ein Alibi haben, da Marie bereits entlastet ist. Thomas und Nicole waren zwar nur zu zweit, jedoch dealte Thomas kurz mit Steffen, weshalb alle 3 ausscheiden. Hans, Werner und Tobias besuchten heute Martina, weshalb auch sie ein Alibi hat. Jedoch Marcel nicht. Lukas wurde mit einem Mädchen von der entlasteten Rebekka gesehen und Ingo und Torben besuchten dieses Mädchen, weshalb auch diese an dem Tag einmal zu dritt gewesen sind.)
5.4. Ulrike wiegt jetzt 69 und Susi 63.(Tom mit 85 und Stefan mit 74 hielten Ihr Gewicht. Steffen nahm 2 kg zu und stieg von 72 auf 74 kg.)
5.5. Tobi verdient heute mit 6700 am meisten.

Name	Jetzt	Vor 3 Jahren	Vor 5 Jahren
Udo	5400	3000	2700
Martin	6200	5400	
Tobi	6700	6200	
Hannes	2700		
Tina	3000		
Maik	6000		

5.6. Bernd hat mehr ausgegeben als er besessen hat. Er muss das Geld genommen haben.

		Essen	Auto	Versch	Rad	Club	Rest	Ende
Anna	1000	960	810	750	670	640	330	260
Tobias	1000	960	760	640	560	530	280	170
Martin	1000	960	810	810	730	670	470	270
Martina	1000	960	810	755	675	645	335	240
Bernd	1000	960	810	590	510	480	230	-20
Ulf	1000	940	790	915	735	455	255	5
Susi	1000	980	830	790	510	510	260	80

5.7.
Tipp1: der Täter muss eine Stunde am Stück nicht auffindbar gewesen sein.
Tipp2: Der Alibigeber ist nicht entlastet, wenn er eine Beobachtung zu einem Zeitpunkt beschreibt. Er könnte auch lügen.

	21:00 Uhr				22:00 Uhr				23:00 Uhr				24:00 Uhr			
Nico			x	x	x	x				x	x	x		x	x	
Alex		x			n!	n!				x	x	x	x		x	x
Martin		x	x	x	x					x	x	x	x			
Paul		x	x	x					x	x			x	x		
Peter	x	x	x	x	x	x			x	x			x	x	x	
Steffen		x	x	x	x					x	x	x	x	x	x	x
Max		x	x		x				x	x	x	x	x	x	x	x
Torben		x	x	x	x		x	m	m				x	x		
Andi			x	x	x	x			x				x	x	x	

Alex ist der Täter. Sein Alibi kam nur von Nico, der aber ein enger Vertrauter ist.

5.8. Der Strahl ist aus Sicht des orangenen Raumschiffes rund 300.000 km/s schnell.

Dieses Rätsel ist mehr ein Wissensrätsel als ein Rätsel der Logik. In der Relativitätstheorie wurde erstmals die befremdliche Tatsache dargestellt, dass Licht, unabhängig vom Beobachter, immer die gleiche Geschwindigkeit aufweist. Somit ist der Strahl aus jedem der 9 Raumschiffe gleich schnell, nämlich rund 300.000 km/s. Dieses Phänomen ist unter dem Begriff „Zeitdilatation" bekannt.

5.9. (R=Roulette, B= Black Jack, G= Glücksrad, A= Automat, P= Poker)
Matthias verlor 200€ beim Roulette.

	Start	dabei	dabei	dabei	Ende
Maik	210	420 R	250 B	210 A	70 P
Stefan	200	175 P	65 R		110 A
Hans	150	210 P	630 R	530 A	**560 P**
Bernd	180	420 A	210 B	310 G	110 R
Fabian	280	190 B	760 R		**690 G**
Martin	180	540 A	520 P		**470 B**
Matthias	0				0 R
Sebastian					**150 R**

Bilanz:
Automaten: 705€ Gewinn
Black Jack: -210€ Verlust
Roulette: 890€ Gewinn
Poker: -85€ Verlust

5.10. Beate ist 38 Jahre alt.

Die zweiten Aussagen von Annett und Ines waren Lügen von Beate. Außerdem hat Beate auch Tamara angelogen.

6.1.
Römische Zahlen:

VII=	7	XIX=	19	XV=	15	LIII=	53
XXI=	21	XLI=	41	III=	3	XXX=	30
LXI=	61	XII=	12	XX=	20	XIV=	14
49=	XLIX	34=	XXXIV	8=	VIII	77=	LXXVII
33=	XXXIII	67=	LXVII	13=	XIII	55=	LV
17=	XVII	42=	XLII	83=	LXXXIII	79=	LXXIX

Binärcode:
1011: 11   1001: 9   1111: 15   1000: 8
111 : 7   10 : 2   1100: 12   11 : 3

46:101110   67:1000011   23:10111   66:1000010
12:1100   88:1011000   55:110111   91:1011011

6.2.
Achtung. Decken Sie die Tipps mit einem Blatt Papier ab. So können Sie mit einem Hinweis erst einmal weitere Versuche unternehmen, ohne gleiche die anderen Tipps zu sehen.

1. Tipp: 2 Werte bedeuten 2 voneinander getrennte Codes.
2. Tipp: Binärcode und römische Zahlen haben jeweils eine feste Funktion.
3. Tipp: Die römischen Zahlen formulieren eine Aufgabe.
4. Tipp: Die Binärcodes sind Zahlenwerte.
5. Tipp: Die 1 ist keine Primzahl.
6. Tipp: Die 2 ist eine Primzahl.

Lösung:
Köln mit den Koordinaten 7° / 51 °

6.3.
Achtung. Decken Sie die Tipps mit einem Blatt Papier ab. So können Sie mit einem Hinweis erst einmal weitere Versuche unternehmen, ohne gleiche die anderen Tipps zu sehen.

1. Tipp: Ein Code für 2 Zahlen. Trenne sinnvoll.
2. Tipp: Binärcode und römische Zahlen stellen je eine Zahl dar.
3. Tipp: Du brauchst das Alphabet.

Lösung:
Dresden mit den Koordinaten 14° / 51°.

Ich hoffe sie hatten Spaß beim Lösen der Rätsel. Für folgende Auflagen der Rätselreihe wäre ich für ein Feedbag dankbar. Gern nehme ich auch Anregungen für neue Rätsel oder einen veränderten Aufbau bestehender Rätsel entgegen.
Unter der Emailadresse
Raetselbuch@gmx.de
Können Sie Anregungen, Kritiken und Hinweise geben.

Vielen Dank.